UNE

QUESTION DE CLOCHER

ÉTUDE DE DROIT PUBLIC ET ADMINISTRATIF

MÉMOIRE A CONSULTER

PRÉSENTÉ AU BARREAU DE PARIS

PAR

ACHILLE GRELLEAU

ANCIEN MAGISTRAT

ANCIEN ADJOINT A LA MAIRIE DE NIMES, ANCIEN BATONNIER DE L'ORDRE
DES AVOCATS PRÈS LA COUR DE NIMES

Propriétaire domicilié à Garons (GARD).

PARIS :

IMPRIMERIE DE A. WITTERSHEIM

8, RUE MONTMORENCY.

1861

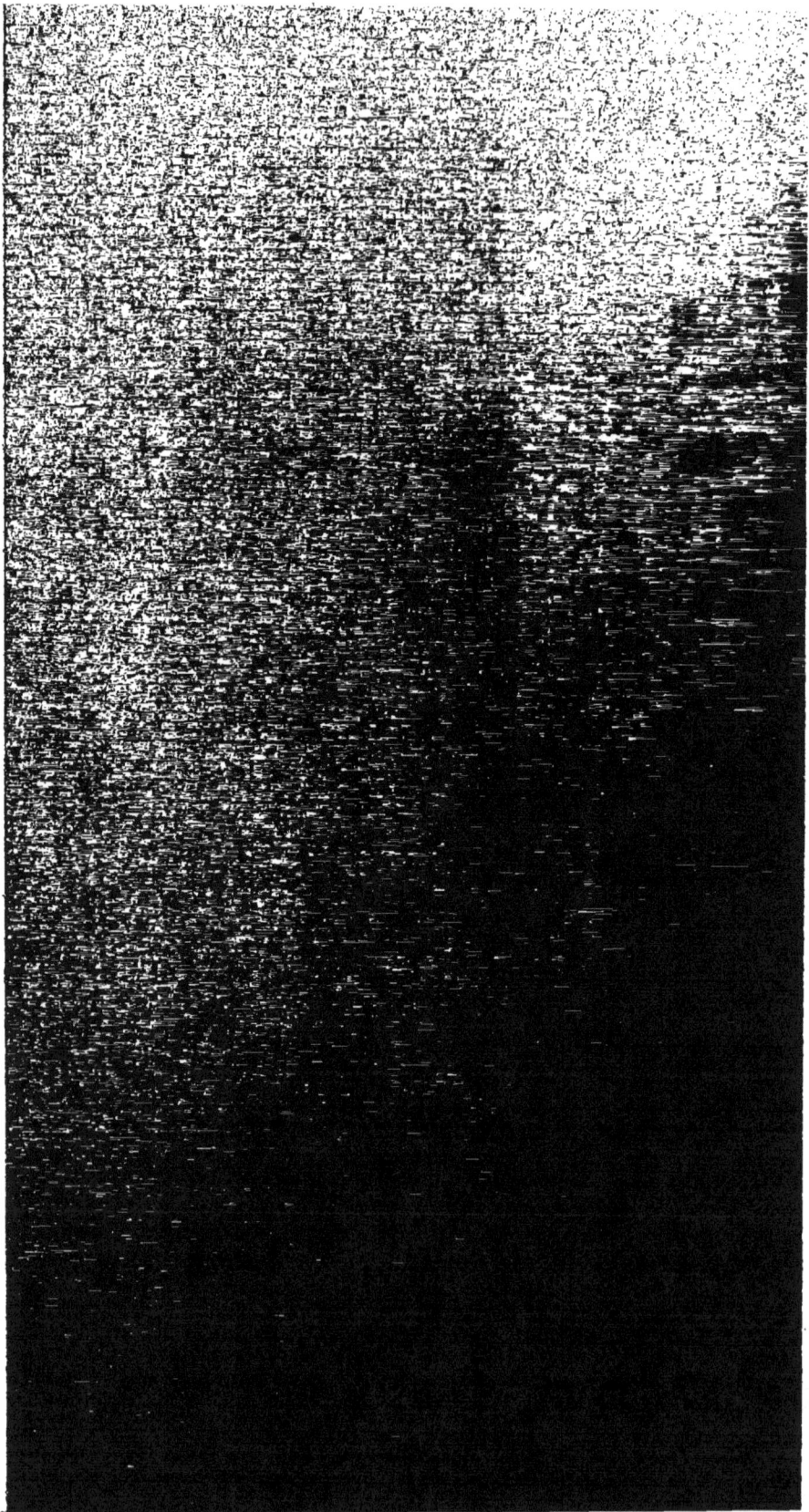

UNE

QUESTION DE CLOCHER

ÉTUDE DE DROIT PUBLIC ET ADMINISTRATIF

MÉMOIRE A CONSULTER

PRÉSENTÉ AU BARREAU DE PARIS

PAR

ACHILLE GRELLEAU

ANCIEN MAGISTRAT

ANCIEN ADJOINT A LA MAIRIE DE NIMES, ANCIEN BATONNIER DE L'ORDRE

DES AVOCATS PRÈS LA COUR DE NIMES

 Propriétaire domicilié à Garons (GARD).

PARIS

IMPRIMERIE DE A. WITTERSHEIM

8, RUE MONTMORENCY.

1861

UNE

QUESTION DE CLOCHER

ÉTUDE DE DROIT PUBLIC ET ADMINISTRATIF

MÉMOIRE

A CONSULTER

QUESTIONS PROPOSÉES

Première question.

Une imposition extraordinaire de plus de trente-cinq centimes additionnels à *percevoir pendant huit ans, votée par le
Conseil municipal, avec adjonction des plus imposés, dans une
commune qui n'a pas cent mille francs de revenu, pour subvenir
aux frais de construction d'une église neuve et au prix d'achat
du sol, a-t-elle pu être rendue exécutoire autrement que par un*
décret impérial?

En d'autres termes, la construction d'une église neuve et l'acquisition du terrain sur lequel elle doit être bâtie, constituent-elles une dépense communale OBLIGATOIRE, ou une dépense purement FACULTATIVE ?

Deuxième question.

Si cette imposition extraordinaire n'a pu être régulièrement assise qu'en vertu d'un décret impérial, et si néanmoins, en fait, c'est un arrêté préfectoral qui l'a autorisée, cet arrêté, exécuté pendant cinq ans par la perception effective de la taxe, tomberait-il sous l'application de la disposition écrite tous les ans dans la loi des finances, d'après laquelle :

« Toutes contributions... autres que celles autorisées... sont
» formellement interdites, à peine contre les autorités qui les
» ordonneraient, contre les employés qui confectionneraient les
» rôles et tarifs et ceux qui en feraient le recouvrement, d'être
» poursuivis comme concussionnaires; sans préjudice de l'action
» en répétition pendant trois années contre tous receveurs ou
» percepteurs, ou individus qui auraient fait la perception, et
» sans que, pour exercer cette action devant les tribunaux, il
» soit besoin d'une autorisation préalable. »

Troisième question.

Indépendamment du double recours pénal et civil autorisé par la loi annuelle des finances, recours dont l'exercice suppose le payement de l'impôt effectué, quelles autres voies seraient ouvertes au contribuable qui, considérant cet impôt comme illégitime, voudrait en refuser le payement, et à quelle juridiction appartiendrait-il de statuer sur ce refus ?

Quatrième question.

La disposition de la loi du budget, ci-dessus transcrite, *attribue-t-elle aux tribunaux civils compétence absolue pour le jugement de l'action en répétition portée par le contribuable devant ces tribunaux?*

Spécialement, *appartient-il aux tribunaux civils de décider si l'impôt a été ou non régulièrement établi, ou bien, serait-ce là une question qui dût être* préjudiciellement *résolue par une autorité administrative, en telle sorte que jusque-là le tribunal ordinaire saisi dût surseoir?*

Spécialement *encore, s'il arrivait qu'une juridiction administrative saisie par un contribuable de sa réclamation ayant pour objet le refus de payer l'impôt de l'année courante, eût décidé, en rejetant cette réclamation en dernier ressort, que l'impôt contesté était régulier, cette décision lierait-elle le tribunal civil saisi par le même contribuable d'une demande en répétition de ce même impôt par rapport aux trois années antérieures?*

Cinquième question.

Les lois et règlements de finances permettent-ils qu'une imposition communale extraordinaire soit autorisée par un préfet en plein milieu d'un exercice, plusieurs mois après l'émission des rôles ordinaires de cet exercice et la distribution des avertissements conformes à ces rôles, — pour être mise en recouvrement immédiat en vertu d'un rôle supplémentaire spécial?

Sixième question.

Lorsqu'un Conseil municipal, procédant avec l'adjonction des plus imposés, a demandé, par une délibération spéciale, que la

commune *fût* autorisée à FAIRE UN EMPRUNT et à établir, POUR
EN OPÉRER L'AMORTISSEMENT, une imposition extraordinaire
pendant un nombre déterminé d'années, *le préfet a-t-il le pouvoir, —au lieu d'adresser cette demande, avec son avis, à l'autorité centrale seule compétente pour provoquer le* DÉCRET IMPÉ-
RIAL à rendre dans les formes d'un règlement d'administration
publique, — *de séparer du* projet d'emprunt *celui de* l'imposition extraordinaire, *et d'autoriser lui-même isolément celle-ci,
non pour le nombre d'années indiqué, mais pour une seule, en
l'affectant du reste au paye*ᵐ ᵗᵈ*'une dépense communale* obligatoire?

Les questions dont le CONSULTANT sollicite la solution ont pris naissance dans un ensemble de faits nombreux et divers se rattachant tous à une même affaire, la CONSTRUCTION D'UNE ÉGLISE DE VILLAGE : la relation en sera divisée en cinq périodes, plus un *appendice* rendu nécessaire par les incidents qui se sont produits à l'instant même où le premier travail venait d'être achevé.

Plutôt que d'omettre un seul fait qui fût susceptible d'éclairer une difficulté, le CONSULTANT a préféré s'exposer au reproche de pousser l'exactitude jusqu'à la minutie.

Il a d'ailleurs fortement à cœur que l'on sache quel enchaînement de circonstances l'a conduit aux résolutions qu'il a prises.

PREMIÈRE PÉRIODE

Garons est une commune rurale située à neuf kilomètres de Nîmes : elle a 925 habitants.

Sa population, très-catholique, et qui s'est considérablement accrue depuis une trentaine d'années, se trouvant à l'étroit dans l'église existante les jours de grandes fêtes religieuses, désirait avec une extrême ardeur que cet édifice fût agrandi.

L'administration locale, pour se mettre en mesure de pourvoir un jour à cette dépense, avait eu soin, en dressant ses budgets annuels, d'y porter des crédits plus élevés que les besoins réels ne l'eussent exigé, afin de réaliser et d'économiser un *boni* sur chaque exercice.

Elle fit plus : à partir de 1851, elle inscrivit successivement aux budgets de 1852, de 1853 et de 1854 *une imposition extraordinaire* qui fut de 600 francs pour la première année, de 1,000 francs pour la seconde et de 2,000 francs pour la troisième, le tout mis en réserve pour servir aux futurs travaux de l'église. — Ces budgets furent revêtus de l'approbation du préfet.

Il est à remarquer que les trois délibérations, prises quant à ce, avaient dû l'être, suivant la loi, avec le concours des plus imposés doublant les membres du Conseil municipal, et que dans ces assemblées, représentation fidèle de la masse, pas une objection ne s'était fait jour.

On verra cet élan de sacrifices aller toujours croissant.

L'autorité municipale, après s'être longtemps occupée d'un système d'agrandissement de l'église actuelle, opération qui eût été facile et peu coûteuse, finit par opter pour celui d'une église entièrement neuve.

Un architecte choisi par elle, M. R. ***, lui adressa le 6 mai 1855 un projet dont l'exécution devait coûter 40,070 francs 94 centimes, honoraires compris.

L'édifice devait être bâti au centre du village sur deux fonds contigus ayant été jadis l'objet d'un partage de famille, égaux de surface, mais très-inégaux de valeur, l'un étant absolument nu et ouvert, l'autre clos, planté et bâti ; le premier, appartenant à M. François Dijol, *frère du* MAIRE, le second, à M. Alexis Dijol, leur cousin.

M. François Dijol souscrivit au maire une promesse de livrer son terrain quand la commune voudrait le prendre. Cette promesse énonçait-elle un prix ? C'est infiniment probable ; mais le CONSULTANT, n'ayant jamais vu cette pièce, ne peut l'affirmer.

Quant à M. Alexis Dijol, il refusait absolument de céder son enclos.

C'est pourquoi, peu de jours après l'envoi du projet, le 15 mai 1853, le Conseil municipal délibéra que l'expropriation pour utilité publique en serait provoquée.

Le 26 juin, la même assemblée fut réunie avec l'adjonction des plus imposés présents ou appelés pour prendre une résolution sur l'entreprise projetée.

La délibération qui fut arrêtée porte :

1° Adoption du projet R***, devant coûter, d'après le devis, en nombre rond, 40,000 francs ;

2° Résolution itérative d'acheter pour l'emplacement de l'église les deux fonds ci-dessus désignés : l'un *amiablement*, ce qui, dit la délibération, est chose à peu près faite, puisqu'il *existe déjà une promesse de vente écrite à laquelle il ne manque rien que l'approbation de l'autorité supérieure qui, sans doute, ne sera pas refusée;* — l'autre, par voie d'expropriation publique, comme il a déjà été décidé le 15 mai ;

3° Demande d'un secours au gouvernement, avec supplication à M. le préfet de vouloir bien l'appuyer de son crédit ;

4° Enfin, nomenclature des *voies et moyens* que la commune se propose d'affecter à son entreprise.

On trouvera au n° 1 des ANNEXES le texte complet de cette délibération.

A la première inspection de ce document, il serait difficile de ne pas éprouver une grande surprise, quand on s'aperçoit qu'après avoir mis en saillie la nécessité d'acquérir l'emplacement du futur édifice par un double marché dont l'un implique même le recours aux formalités de l'expropriation, la délibération garde le silence sur le point de savoir à quel chiffre, au moins présumable, le prix de ce double achat pourra s'élever; quand on voit l'assemblée parler et agir comme si la seule dépense à laquelle il fallût pourvoir était le coût de la construction.

En effet, aussitôt qu'en dressant le tableau de ses *voies et moyens* elle en a trouvé, ou plutôt, cru trouver assez pour couvrir le devis de l'architecte, elle n'en cherche pas davantage, oubliant de dire à l'aide de quelles ressources la commune payera le sol.

Cette distraction inconcevable, témoignage de l'imprévoyance, du désordre d'idées que l'administration municipale apportait dans cette affaire au moment où elle s'y engageait, n'est que le premier anneau d'une longue chaîne de singularités et de fautes, plus étonnantes les unes que les autres, que l'on verra se dérouler.

Il importe surtout de remarquer dans la délibération du 26 juin 1853, et de retenir, que, parmi les *voies et moyens* indiqués, le plus considérable de tous était le vote d'une *imposition extraordinaire* de 16,000 francs, à percevoir en huit ans, par annuités de 2,000 francs chacune, en sus de l'annuité pareille déjà votée pour être inscrite au budget de 1854.

Pour apprécier tout ce que cet impôt avait d'excessif, tout ce que cet effort suprême avait de méritoire de la part de ceux qui consentaient à le subir, il faut que l'on sache :

1° Que la somme de 2,000 francs ne formait guère moins de *trente-six centimes additionnels* au principal des contributions directes payées dans la commune : c'était 0, 35,727 ;

2° Que la commune ne possédant ni fonds, ni revenu d'aucune sorte, était déjà forcée, rien que pour satisfaire aux services municipaux obligatoires, d'inscrire à son budget normal plus de *cinquante centimes additionnels* en permanence.

On voit que les contribuables ne reculaient devant aucun sacrifice, que, pour avoir leur église neuve, ils consentaient, pour ainsi dire, *à se saigner des quatre veines*.

L'enthousiasme surexcité ne laissait plus de place à la réflexion.

Un membre de la réunion s'étant avisé de prendre le devis en main, et d'y signaler, au chapitre SCULPTURES, des *gar-gouilles taillées*, des *chapiteaux ouvragés* et beaucoup d'autres ornementations cotées fort cher, dont il semblait qu'à la rigueur une église de village pourrait se passer, son observation fut très-mal reçue et l'observateur mal avisé dut se taire, car rien ne paraissait à la majorité trop grandiose ou trop élégant.

Il se tut, mais il dit en lui même : *Patience ! les communes ne sont pas libres de s'abandonner à leurs entraînements irréflé-chis, elles ont, très-heureusement, des* TUTEURS.

Qui, sans être prophète, aurait deviné que le projet de l'é-glise à construire, *non encore revêtu du* VISA *de M. le préfet du Gard*, serait mis en adjudication publique, et qu'après l'adjudi-cation prononcée, ce haut fonctionnaire coucherait ce VISA et SON APPROBATION d'un seul jet, à la même date, *sur le procès-verbal de l'adjudication*, sur les PLANS et sur le DEVIS ?...

Mais n'anticipons pas sur la marche des événements.

Au mois d'août 1853, il fut fait un premier envoi du dos-sier de l'affaire par la préfecture au ministère de l'intérieur. Mais les pièces furent incontinent renvoyées avec demande d'un supplément d'instruction.

Le 22 septembre, second envoi par la préfecture au minis-tère ; mais le 4 novembre second retour, avec une dépêche dans laquelle M. le ministre passe en revue les *voies et moyens*, sape et détruit les principaux et recommande encore que l'instruc-tion soit remaniée.

Relativement à la *contribution extraordinaire*, cette dépêche porte ce qui suit :

« *Je vous engage, en ce qui concerne les pièces à fournir à l'appui de cette dernière partie du projet, à vous reporter à la circulaire du* 28 *juillet dernier* (1853), *qui en indique la no-menclature et qui sont toutes rigoureusement exigées par le conseil d'État.* »

Ce passage, on le voit, suppose et rappelle au préfet que,

l'instruction une fois complétée, le dossier devait être nécessairement renvoyé au ministre à qui seul il appartenait de provoquer le DÉCRET IMPÉRIAL *à intervenir dans l'espèce.*

Notons encore que Son Excellence dit au préfet en terminant :

VOUS AVEZ OMIS.... *et de vous expliquer sur la suite dont vous
paraîtrait susceptible la demande en subvention formée par la
commune de* GARONS.

On trouvera cette dépêche entière aux ANNEXES n° 2.

Transmise au maire, elle jeta la consternation dans le village.

Mais bientôt les esprits abattus se relevèrent ; les habitants
n'étaient pas encore à bout de sacrifices.

Une souscription volontaire ouverte parmi les domiciliés et
les forains produisit une valeur approchant de 5,000 francs que
les souscripteurs s'obligeaient d'acquitter par des prestations
en nature, avec faculté néanmoins, pour ceux à qui cela
conviendrait mieux, de se libérer en argent.

Après cela, la préfecture expédia pour la troisième fois le
dossier au ministère, le 6 mars 1854.

Mais, cette fois encore, il lui fut renvoyé, avec une dépêche
du 25 mars portant :

Que l'instruction n'était pas satisfaisante ;

Que, tous calculs faits, il manquait encore à la commune
10,400 francs tout au moins ;

Qu'il ne fallait pas la laisser s'engager dans son entreprise
sans que les ressources destinées à la mener à fin fussent as-
surées ;

Que toutes les branches de l'affaire devaient être instruites
et menées de front, en vertu de la *règle des affaires connexes,*
et transmises, avec les propositions du préfet, à l'autorité
centrale qui statuerait sur le tout.

Revenant à la subvention sollicitée par la commune, Son Excellence exprimait la pensée qu'un secours pourrait être ac-

cordé, mais qu'il ne s'élèverait pas assez haut pour couvrir le déficit qu'elle signalait. Au demeurant, le ministre invitait le préfet à préparer quant à ce un rapport spécial et à l'adresser au *ministre des cultes*, en le priant, quand il aurait statué sur ce chef, de transmettre sa décision avec les pièces à son *collègue de l'intérieur* (1).

La dépêche du 25 mars 1854 est admirable de bon sens et de prévoyance.

Le CONSULTANT regrette de ne pouvoir la donner tout entière, comme celle du 4 novembre 1853. Il ne le peut, parce que l'expédition adressée par la préfecture à la mairie, s'y est égarée.

Mais il lui fut permis un jour de la lire à la préfecture, et il garda note de son contenu.

En somme, cette seconde dépêche ministérielle, comme la première, attestait que, dans l'opinion du ministre, il appartenait exclusivement au pouvoir central de régler tout ce qui se rapportait à l'entreprise de *l'église de* GARONS, et que le rôle du préfet devait se réduire au remaniement de l'instruction locale et à la transmission des pièces au ministère, avec son avis personnel.

Cette opinion paraît pleinement fondée,

Parce que, d'une part, un DÉCRET IMPÉRIAL était indispensable, soit pour déclarer l'utilité publique relativement au fonds qu'il s'agissait d'exproprier, soit pour octroyer un secours sur les fonds de l'État, soit enfin pour autoriser la *contribution extrordinaire* dont la délibération du 26 juin 1853 demandait l'établissement;

Parce que, d'autre part, nonobstant le fameux décret du 25 mars 1852, qui range parmi les attributions préfectorales agrandies l'APPROBATION des *aliénations*, des *acquisitions*

(1) C'est aussi la marche tracée dans les circulaires du ministère des cultes.

et des *plans et devis de travaux communaux*, par les § 41 et
49, tableau A, ces diverses branches de l'affaire échappaient
elles-mêmes, dans l'espèce, au pouvoir du préfet, en vertu
du principe de *connexité* qui les ramenait dans le domaine
exclusif des attributions du souverain ; principe demeuré en
vigueur sous le régime du décret de décentralisation (1),
comme il l'était déjà sous l'empire de la seule loi du 18 juillet 1837 (2).

Mais, si le système qui ressort clairement des deux dépêches
ministérielles, indépendamment de l'autorité qui s'attache à
son origine, paraît au CONSULTANT conforme aux principes, on
pensa autrement à la préfecture du Gard.

Là prévalut une opinion diamétralemement opposée.

Il fut en effet *résolu dans les bureaux* que le dossier ne serait
pas renvoyé une quatrième fois au ministère et que l'affaire,
retenue par le chef du département, recevrait de lui sur le tout
sa solution définitive, comme si, à l'inverse de la règle posée
dans les circulaires, le principe de connexité devait être appliqué en ce sens que le pouvoir supérieur, dans l'exercice de
l'une de ses attributions les plus essentielles, devait fléchir
devant l'autorité subordonnée.

Il faut bien, comme on vient de le dire, que cela ait été résolu, puisque c'est cela même, comme on va le voir, qui fut
fait.

(1) Voir, au *Bulletin officiel du ministère de l'intérieur*, la circulaire
du 25 novembre 1852.

(2) Voir au même Recueil la circulaire du 2 juillet 1839, sous sa date.

DEUXIÈME PÉRIODE

On a vu l'affaire se traîner, enrayée par les prudentes objections parties du ministère de l'intérieur. Dès la fin de mars 1854 on la verra marcher rapidement au terme.

Les choses sont toujours menées lestement quand on s'affranchit de toutes les règles.

Deux circonstances signalent le début de cette période,

Le don, aussi imprévu que généreux, d'une somme de 10,000 francs que fit à la commune de Garons une dame appartenant à la communion protestante, la baronne de Baguet-Duverger ;

Et le consentement enfin donné par M. Alexis Dijol à la vente de son enclos. Ce propriétaire signa le 1er avril avec le maire un écrit privé stipulant cette vente moyennant un prix à déterminer par deux experts du choix des parties, et, en cas de discord, par un tiers que le préfet désignerait.

Pour faire produire à la donation de 10,000 francs son effet légal, trois choses étaient nécessaires :

Un titre public dans la forme voulue,

Une délibération du Conseil municipal autorisant l'acceptation provisoire de ce don par le maire,

Un arrêté préfectoral autorisant son acceptation définitive, ledit arrêté pris à la suite d'une instruction spéciale. (Circulaire ministérielle du 5 mai 1852, n° 35, sur le paragraphe 42, tableau A du décret de décentralisation, et modèles annexés n° 29.)

Rien de tout cela n'a jamais existé.

Ce qui n'empêche pas que les 10,000 francs furent, quelques

mois plus tard, encaissés par le percepteur, ou par le maire, et ensuite employés.

Après tout, l'inobservation des formes a profité à la commune qui économisa ainsi les droits fiscaux : c'est un fait heureusement accompli.

L'événement de cette donation venue tout à point pour combler la lacune signalée par la dépêche ministérielle du 25 mars, joint à l'accord intervenu avec M. Alexis Dijol, ayant fait penser au maire que toutes les difficultés étaient aplanies, il voulut hâter la conclusion et prit à cet effet pour conseil et pour guide l'architecte auteur du projet qui, étant attaché à deux diocèses où il a fait construire un grand nombre d'édifices religieux, possède une grande expérience.

Cet artiste, obtempérant au désir du maire, rédigea le *cahier des charges* devant servir de base à l'adjudication des travaux, le fit coucher à la suite de son devis par un employé de ses bureaux, le data, le signa, le fit approuver et signer par le maire.

Le même architecte fit à la même époque un procès-verbal d'expertise, estimant au chiffre de 6,659 francs l'église actuelle et un vieux cimetière destinés à être vendus pour le prix en être ajouté aux *voies et moyens*.

D'un autre côté, le maire avait déjà fait procéder par un expert différent, mais également de son choix, à une autre expertise. A sa réquisition, un maçon du village, son adjoint, avait estimé au total de cinq mille soixante-six francs (5,066) les deux fonds à acquérir sur lesquels l'édifice devait être assis. — Pour combien entrait dans ce chiffre la propriété de M. François Dijol et pour combien celle de M. Alexis Dijol ? le CONSULTANT ne le sait pas.

Comment le maire s'était-il permis de choisir lui-même et de faire agir les experts qui évaluèrent, l'un les fonds que la commune voulait vendre, l'autre les fonds que la commune voulait acheter, quand il est de règle que l'expert, dans l'un et dans l'autre cas, soit nommé par un *arrêté spécial* du préfet? (Décret du 25 mars 1852, tableau A, § 41, commenté par la circulaire ministérielle précitée, nᵒˢ 21 et 23 des modèles y annexés.)

Et comment se fait-il que le choix du maire, — faisant en cela l'office du préfet, — fût tombé sur les deux seuls experts à qui leur position particulière défendait que ce mandat fût conféré ?

Le CONSULTANT ne se charge de rien expliquer ; il ne le peut ni ne le doit : il expose et c'est tout.

Il avait annoncé qu'il exposerait des choses très-singulières, très-invraisemblables... Et il s'en faut de beaucoup qu'il ait fini.

Nanti de ses deux rapports d'experts, le maire convoqua le Conseil municipal pour lui soumettre le projet modifié.

Il fallait bien qu'une délibération nouvelle fût prise puisque plusieurs des *voies et moyens* énoncés dans celle du 26 juin 1853 avaient disparu et que des éléments nouveaux s'y étaient introduits.

Mais la *contribution extraordinaire de 16,000 francs* y trouvait toujours place, la principale place ; c'est pourquoi les plus forts contribuables auraient dû, comme la première fois, être appelés.

Mais point : pour aller plus vite, le maire n'appela que son Conseil municipal.

La délibération arrêtée le 2 avril 1854 (ANNEXES nᵒ 3) vise les deux rapports, celui de l'*adjoint*, celui de l'*architecte*, et en adopte les évaluations, en sorte que ces deux chiffres importants deviennent autant de bases essentielles du projet.

Chose plus qu'étrange, le maire avait communiqué au Conseil les rapports, notamment *l'expertise officieuse* qui fixait à

2

5,066 francs la valeur présumée des fonds à acquérir, laissant croire, un passage de la délibération le fait voir, que l'expropriation publique suivrait son cours, et il n'avait dit mot, — ni de l'acte par lui signé la veille établissant que le fonds de M. Alexis Dijol était déjà vendu, mais que le prix en serait réglé par une expertise *contradictoire et obligatoire*, en d'autres termes, par un arbitrage souverain confié à d'autres experts, — ni à plus forte raison, de son intention, très-probablement arrêtée déjà, d'allouer à M. François Dijol, son frère, quelque chose comme la moitié de ce que l'autre propriétaire aurait obtenu, quel que fût d'ailleurs le prix originairement porté, s'il y en avait un, dans la *promesse écrite*.

Le Conseil municipal donc, ignorant tout cela, persuadé que la commune ne payerait pas l'emplacement au delà de 5,066 francs, et que d'autre part, elle vendrait 6,659 francs son vieux cimetière et l'église actuelle ; trouvant que ces données admises, les ressources couvraient la dépense avec un petit excédant capable d'obvier à tout mécompte, approuva définitivement le projet.

Après cela, l'architecte fit parvenir ses plans, sans doute aussi son devis, à la préfecture, pour qu'ils fussent soumis à la commission consultative *des travaux publics* qui y tient ses séances.

On appelle de ce nom un corps composé de douze ou quinze membres ayant pour secrétaire permanent *le chef de la division des travaux publics*, que MM. les préfets du Gard ont créé, il y a une douzaine d'années, pour leur donner son *avis officieux* sur tous les travaux en projet et particulièrement sur les constructions intéressant soit les communes, soit les hospices.

La Commission paraît s'être occupée de l'église de Garons dans la seconde quinzaine de juin 1854.

Ici commence une série de faits que nul ne pourrait croire, s'ils n'étaient prouvés.

Cette Commission, oubliant les termes et surtout l'esprit du règlement qui l'a instituée, se renferma dans l'examen du PROJET *architectural*, comme s'il ne fût pas entré dans ses attributions d'aborder le côté *financier* de l'affaire. Elle n'eut pas la curiosité de savoir quels *voies et moyens* la commune avait affectés à son entreprise et ne vit pas les délibérations qui les énonçaient.

S'attachant donc exclusivement à la question d'art, elle pensa qu'il serait convenable d'ajouter à l'édifice une *travée de plus* et *d'allonger de 50 centimètres les contre-forts*.

C'était conseiller, mais sans le savoir, — parce qu'elle ne demanda pas à l'architecte un devis supplémentaire établissant ce que cette double addition coûterait, — un accroissement de dépense de 10,500 francs environ.

L'avis de la Commission dut être consigné dans un procès-verbal quelconque ; c'est probable, — douteux cependant.

Ce qui paraît certain, c'est qu'on oublia de le mettre sous les yeux du préfet, qui, par conséquent, ne put ni l'approuver, ni le rejeter.

Mais il fut connu de l'architecte auteur du projet et membre lui-même de la Commission.

Cet artiste, s'y conformant tout aussitôt, *corrigea son plan* en dessinant *une travée de plus* et sans doute aussi des contre-forts plus allongés, sur ses feuilles représentant la *coupe horizontale* et la *coupe transversale* de l'édifice.

Il *corrigea* ainsi SON PLAN, disons-nous, mais il oublia de *corriger* son DEVIS dont le chiffre demeura limité à 40,070 francs 94 cent.

Il paraît qu'une dépêche du 30 juin adressée par cet architecte à M. le préfet fit connaître la modification qu'il venait d'opérer.

Mais cette communication n'eut pas de suite : aucun acte émané du préfet ne justifie et ne permet seulement de supposer qu'il ait connu soit la modification effectuée, soit l'avis de la Commission.

Il tombe sous le sens que, tout disposé qu'aurait pu être ce magistrat à accueillir l'avis de la Commission, s'il l'avait connu, il n'aurait pris à cet égard aucune décision, si ce n'est la *commune avertie et consultée.*

Or le Conseil municipal ne sut rien de ce qui se passait : personne ne songea à le réunir pour lui demander ce qu'il pensait, lui, *de la travée de plus* et de *l'allongement des contre-forts.*

Le maire en fut-il instruit? a-t-il connu la correction faite par l'architecte sur deux feuilles du plan? Lui seul et l'architecte pourraient le dire.

Quoi qu'il en soit, le 14 juillet 1854, un placard imprimé, signé du maire de Garons, apposé à *Nîmes* et dans les principales communes du département, annonça que, le 14 août suivant, l'église à construire serait adjugée publiquement dans la mairie, à Garons, au rabais et sur soumissions cachetées.

L'architecte avait remis au maire le modèle de cette affiche. On y lisait, en tête, cette ligne détachée en gros caractères :

La dépense totale est évaluée 40,070 fr. 94 centimes.

Quand le maire de Garons provoqua ainsi publiquement tous les entrepreneurs de la contrée à venir soumissionner au jour fixé la construction, il faut qu'on sache et qu'on veuille bien retenir :

1° Que M. le préfet ne connaissait pas encore et n'avait par conséquent pas approuvé, ni le PROJET de *l'architecte,* c'est-à-dire *ses plans et son devis,* ni le PROJET de *la commune,* c'est-à-dire *ses voies et moyens;* il n'avait vu ni la délibération du 26 juin 1853 énonçant les VOIES ET MOYENS *de premier jet,* ni celle du 2 avril 1854 énonçant les VOIES ET MOYENS *définitifs* ;

2° Que l'acquisition des deux terrains devant servir d'emplacement à l'église n'était rien moins que consommée, et que nul encore ne savait ce qu'ils coûteraient ;

3° Que la contribution extraordinaire de 16,000 francs, la plus importante des ressources que la commune prétendait employer à son œuvre, n'était point autorisée.

Le jour de l'adjudication venu, les choses étaient exactement dans le même état.

Et, le 14 août 1854, le maire adjugea l'entreprise au sieur André Mourier, moyennant le rabais de 1 pour 100 proposé par sa soumission, ce qui réduisit les 40,070 fr. 94 cent. du *devis* à 39,670 fr. 24 centimes ainsi décomposés : 37,781 fr. 18 cent. pour le coût du travail et 1,889 fr. 06 cent. pour les honoraires de l'architecte.

On vient de dire que les choses étaient *dans le même état*, et cependant le procès-verbal de l'adjudication énonce dans ses premières lignes que l'on est réuni pour adjuger un projet..... *approuvé par M. le préfet.*

C'était une erreur matérielle, commise de bonne foi : voilà tout.

Ce procès-verbal fut rédigé par l'architecte présent à la séance et qui en fut tout à la fois le *président réel* à côté du maire *président nominal*, et le *secrétaire*. Il y avait aussi le percepteur-receveur municipal, et trois conseillers municipaux résidant à Nîmes, que le maire avait conviés.

L'erreur commise montre que les assistants, — qui n'étaient pas tenus d'y regarder de bien près, sauf peut-être l'architecte et le percepteur, — s'imaginaient tous que le maire s'était mis en règle.

Et qui ne l'eût pas cru ?

Si les conseillers *forains* venus le matin même de Nîmes,

avaient pu soupçonner que ce fonctionnaire accomplissait en ce moment un acte d'une témérité inouïe, un procédé irrégulier jusqu'à l'insolence envers l'autorité préfectorale, si jalouse d'ordinaire de ses droits, ils n'auraient eu garde de le laisser se compromettre aussi gravement, le jugeant infailliblement révoqué aussitôt que M. le préfet aurait reçu l'avis de cette adjudication insensée.

Il est vrai qu'ils se fussent effrayés à tort : l'événement a montré que l'autorité départementale ne trouvait pas même matière à réprimande dans cette manière d'agir.

En effet, le *procès-verbal en double minute* de l'adjudication faite le 14 août ayant été transmis à la préfecture, il fut, bientôt après, renvoyé purement et simplement à la mairie avec les *plans*, le *devis*, le *cahier des charges*, le tout portant le vu et approuvé de M. *le préfet* ou de *son délégué* couché sur toutes ces pièces à la seule et même date du 30.

On remarquera qu'au nombre des pièces revêtues de l'approbation préfectorale ne figurent point les délibérations des 26 juin 1853 et 2 avril 1854, en sorte que, malgré l'adjudication faite et approuvée, les *voies et moyens* restaient inconnus du préfet.

Si la municipalité eût transmis ces délibérations à la préfecture, il est impossible, quel que fût l'employé entre les mains de qui elles seraient tombées, que les irrégularités qui les entachaient eussent échappé à sa vue :

Don de 10,000 francs non régularisé ;

Usurpation des pouvoirs du préfet par le maire dans la désignation de deux experts ;

Choix extraordinaire de ces experts *officieux*, par trop *officieux ;*

Réticence du maire envers son Conseil municipal, tant sur le compromis passé relativement au terrain de M. Alexis Dijol,

que sur le prix que demanderait du sien M. François Bijol, son
frère ;

Absence de délibération spéciale de ce Conseil approuvant
l'un et l'autre pacte ; partant, incertitude absolue sur le point
de savoir si ce double achat serait consommé, *quel en serait le
prix*, et encore si M. le préfet validerait ces deux acquisitions,
ce qu'il ne pouvait faire qu'au moyen d'un arrêté *pris en Conseil
de préfecture* (circ. min. int. du 9 juin 1852);

Absence des plus imposés à la délibération du 2 avril 1854,
laquelle, remplaçant celle du 26 juin 1853, impliquait le vote de
la *contribution extraordinaire;*

Enfin, nécessité que cette contribution fût autorisée par qui
de droit, avant que la commune s'engageât par contrat envers
un adjudicataire qui s'engagerait envers elle.

Quelque inattention, quelques habitudes d'étourderie que
l'on suppose dans l'employé chargé du travail relatif à l'affaire
de Garons, il n'est pas possible, on le répète, que tant et de si
considérables vices eussent passé inaperçus de lui, si, ouvrant
son dossier, il y eût trouvé les deux délibérations de 1853 et
de 1854. Il n'est pas possible, si cet employé eût été *le chef de
la division des travaux publics*, SECRÉTAIRE en même temps *de
LA COMMISSION CONSULTATIVE*, qu'il ne se fût pas rappelé que cette
Commission venait de conseiller une forte augmentation de la
dépense, et qu'enfin il n'eût pas remarqué que, ni *le préfet*
d'une part, ni *la commune* d'autre part, N'EN SAVAIENT RIEN.

Aucune de ces remarques, dont une seule eût suffi pour faire
tout crouler, n'ayant été faite, il est permis de croire que les
délibérations énonçant les *voies et moyens* n'étaient point à la
préfecture, lorsque le 30 août, l'adjudication, faite le **14,** y fut
approuvée.

Les y avait-on reçues peu de jours après ?
Cela pourrait être, puisque le préfet, sous la date du 7 sep-

tembre 1854, prit un arrêté spécial autorisant la commune de Garons à s'imposer extraordinairement à concurrence de 16,000 francs, recouvrables en huit ans, par annuités égales, à partir de l'exercice 1855; arrêté qui VISE *nécessairement* la délibération par laquelle le Conseil municipal avait voté lui-même cet impôt, sans quoi le préfet l'aurait établi *proprio motu*, chose inadmissible.

Le CONSULTANT n'a pas lu le texte de ce document, mais il est convaincu que le préfet ne fit pas autre chose que rendre cette délibération *exécutoire* en vertu de l'article 40, § 1er de la loi du 18 juillet 1837;

D'où naît aujourd'hui la question de savoir si ce n'était pas un DÉCRET IMPÉRIAL qui seul pouvait homologuer une délibération de cette nature, en vertu du § 2 de ce même article; en d'autres termes, si la construction d'une église neuve et l'achat de son emplacement constituaient pour la commune de Garons une dépense *obligatoire* ou une dépense *facultative* :

Question, du reste, qui ne fut aperçue et soulevée que longtemps après : le CONSULTANT dira bientôt comment et pourquoi.

Dès à présent il croit pouvoir dire que l'autorisation de cet impôt exorbitant, lors même que l'administration départementale aurait eu l'indubitable pouvoir de la prononcer, fut, dans les circonstances données, un acte surprenant, moins toutefois que l'approbation de l'adjudication : et même, cette approbation une fois signée, le reste, il faut l'avouer, fut logique.

On affirme que l'employé, rédacteur de l'arrêté du 7 septembre 1854, qui avait demandé et obtenu la signature soit du préfet, soit d'un conseiller de préfecture délégué, disait quelques jours après :

« Je sais bien que le décret de 1852, par le § 36 du tableau A, » ne donne pouvoir aux préfets d'autoriser les contributions » extraordinaires des communes, pour dépenses facultatives, » qu'à concurrence de *vingt centimes* et de *cinq ans*, tandis

» que, dans le cas présent, nous avons, de *trois ans* et de *quinze*
» *centimes*, dépassé la limite : mais c'était le seul moyen d'en
» finir. »

L'imprudent oubliait que la loi du 10 juin 1853 avait abrogé
le § 36.

Il oubliait qu'une circulaire ministérielle du 20 du même
mois avait spécialement informé MM. les préfets de cette abrogation et en avait déduit fort nettement les conséquences (Bulletin officiel du ministère de l'intérieur, p. 197).

Il oubliait que son dossier contenait l'importante dépêche
du 4 novembre 1853 dans laquelle le ministre traitant l'affaire
de Garons, disait au préfet :

« En ce qui touche *la contribution extraordinaire*, revoyez
ma circulaire du 28 juillet 1853 qui indique les *pièces à fournir*. Ne perdez pas de vue que *le conseil d'État les exige toutes
rigoureusement*. N'oubliez pas non plus *la règle des affaires
connexes* d'après laquelle le DÉCRET *à intervenir dans l'espèce
doit statuer en même temps sur les voies et moyens*, c'est-à-
dire sur toutes les branches de l'affaire. »

Après l'adjudication approuvée, après la contribution autorisée, restaient encore les acquisitions de l'emplacement à conclure, sans quoi tout avortait.

Voici, à cet égard, ce qui advint.

En ce qui touche la propriété de M. Alexis Dijol, les experts
arbitres désignés dans le compromis du 1ᵉʳ avril, s'étant divi-
sés, un tiers départiteur désigné par le préfet n'accomplit sa
tâche que le 25 août 1854, *onze jours après l'adjudication de
l'entreprise*, par un rapport qui fixa le prix définitif à
7,388 francs.

Tout ne fut pas fini : car le propriétaire, qui criait à la spo-
liation, refusa de vider les lieux : il fallut l'actionner en justice, et le procès allait être plaidé le 2 janvier 1855, quand il

voulut bien enfin s'exécuter, mais en laissant à la charge de la commune les frais exposés.

L'autre terrain, celui de M. François Dijol, avait été mis de bonne heure et de bonne grâce à la disposition de l'adjudicataire, sans autre formalité que *la promesse écrite* dont il est question dans la délibération du 26 juin 1853 qui énonçait *un prix...* PEUT-ÊTRE.

Quoi qu'il en soit, la construction montait déjà très-haut, quand il parut convenable aux deux frères de passer un contrat public et de fixer un prix.

Cela fut fait le 31 décembre 1855 et le prix fut de 3,540 francs, ce qui formait la moitié, à 4 francs près, de ce que M. Alexis Dijol avait obtenu, si l'on défalque 300 francs alloués à celui-ci pour *dépréciation d'une partie de terrain* qui lui restait, contiguë à celle qu'il avait cédée.

Le contrat du 31 décembre 1855 fut apporté au bureau des hypothèques pour être transcrit.

Mais le conservateur, voyant l'achat fait par un maire pour sa commune, sans que ni l'approbation du Conseil municipal, ni celle du préfet fussent mentionnées, refusa d'opérer la transcription.

Les deux frères en restèrent là pendant près de trois ans.

Quand furent accomplis les événements que l'on trouvera relatés dans la troisième période, le contrat du 31 décembre 1855 fut enfin apporté au Conseil municipal qui, par une délibération du 12 novembre 1858, crut devoir n'y pas regarder de trop près, et le ratifia.

Et cinq mois plus tard, intervint un arrêté de M. le préfet, pris *en Conseil de préfecture,* qui définitivement l'approuva.

Quant à l'autre acquisition, jamais il n'exista ni délibération municipale, ni arrêté du préfet, pris ou non en Conseil de préfecture, qui l'aient homologuée.

Qu'importe ? il y a longtemps que le prix est soldé.

Ainsi, l'emplacement de l'église évalué, d'après les prévisions du Conseil municipal et sur la foi du *rapport* de l'ADJOINT, à 5,066 fr., a coûté finalement plus du double, 10,928 francs en principal. et avec les frais accessoires 12,000 francs en nombre rond, ce qui, si l'on y joint les 40,000 francs, chiffre du devis, eût élevé à 52,000 francs la dépense totale.

52,000 francs de dépenses et 46,000 francs de ressources *énoncées*, partant 6,000 francs au moins de DÉFICIT.

DÉFICIT, quand bien même les ressources portées en ligne *sur le papier* eussent été effectives et rigoureusement contrôlées ;

DÉFICIT, quand bien même le DEVIS eût dû être dans l'exécution scrupuleusement respecté.

Mais les ressources étaient-elles effectives ?

Mais le devis serait-il respecté ?

Les RESSOURCES ? Il y en avait, dans le nombre, dont le caractère était visiblement éventuel, chanceux, *précaire ;* notamment les *prestations en nature* promises, et *le prix à retirer des ventes que ferait un jour la commune,* le tout porté pour 11,600 francs, dont il est rentré ou rentrera tout au plus la moitié.

N'était-ce pas aussi une ressource *précaire* que cette contribution de TRENTE-CINQ *centimes additionnels* pendant huit années, le plus exorbitant peut-être des impôts de localité que l'on eût jamais appliqué à une *dépense facultative* dans une commune aussi indigente, contribution qui, par surcroît, était irrégulièrement autorisée? — Ainsi du moins le croit le CONSULTANT, après avoir consciencieusement étudié la question dans la mesure de ses forces.

La preuve que cette ressource était *précaire,* même abstraction faite de la question de légalité, n'a-t-elle pas été fournie par le préfet lui-même, lorsque ce magistrat, par un arrêté du

21 avril 1859, — on le verra dans un instant, — eut décidé que celui du 7 septembre 1854 cesserait de recevoir son exécution à dater. du 1ᵉʳ janvier 1860, tandis que, d'après sa teneur, il devait être exécuté trois ans de plus.

Et le DEVIS? devait-on espérer qu'il serait respecté par l'adjudicataire?

Personne n'ignore quelles sont sur ce point les habitudes invétérées des entreprenenrs et des architectes.

Si la commune de Garons n'eût couru d'autres risques que ceux auxquels est exposé tout propriétaire qui fait construire, il n'y aurait pas lieu de trop s'étonner et de trop se plaindre.

Mais la situation était bien différente; elle était inouïe, sans exemple, depuis qu'il se fait des adjudications de travaux publics communaux.

Le *projet* de l'architecte, adopté par le Conseil municipal le 26 juin 1853, adopté derechef le 2 avril 1854, se composait d'un PLAN et d'un DEVIS *assortis et se correspondant l'un à l'autre*.

Or, on sait qu'en juin 1854, après l'avis émis par la *Commission consultative*, sans que le Conseil municipal eût donné le sien, n'ayant été ni consulté ni averti, sans que le préfet eût pris aucune décision, l'architecte avait refait le plan en partie, c'est-à-dire substitué à deux de ses feuilles primitives deux autres feuilles où la *travée de plus* et les *contre-forts allongés* étaient figurés: mais qu'en même temps il avait MAINTENU LE DEVIS INTACT.

Puis le *projet ainsi modifié*, CLANDESTINEMENT *modifié*, avait été mis aux enchères pour être exécuté *conformément aux plans et devis*, à DES PLANS et à un DEVIS qui avaient cessé de se correspondre!

Et comme s'il eût pris à tâche d'épaissir les ténèbres, l'architecte qui rédigea le procès-verbal, écrivant de sa main la principale minute et dictant l'autre à un employé, avait trouvé bon d'y insérer textuellement que l'adjudicataire s'obligeait d'exécuter *les travaux adjugés* moyennant le prix *de trente-sept mille sept cent quatre-vingt-un francs dix-huit centimes* (37,781 fr. 18 c.), *le rabais déduit !* Vit-on jamais un aussi haut degré d'imprudence, et que pouvait-il sortir de cet affreux gâchis?.. Qu'on veuille bien nous pardonner ce mot.

Voilà comment, après la résolution prise dans les bureaux de la préfecture de ne pas envoyer une quatrième fois le dossier au ministère, l'affaire de l'église de Garons fut conduite et traitée sur place.

Il n'a fallu rien moins que cette résolution extraordinaire, pour que notre commune, dans son incomparable détresse, n'ait pas été secourue d'un centime par un gouvernement qui n'a jamais répondu par un refus à la demande d'une subvention formée par une commune qui bâtit une église.

Deux fois en cinq mois, le ministre de l'intérieur avait invité le préfet à dresser sur ce chef un rapport spécial et à l'adresser au ministère des cultes : mais ce rapport ne fut pas fait, il ne pouvait l'être, puisqu'on ne voulait plus entretenir de cette affaire le pouvoir supérieur.

TROISIÈME PÉRIODE

Le lecteur sait comment le plus absurde et le plus mal étudié des projets — ceci s'applique, non à la conception de l'architecte, mais à celle de la commune — fut mis à flot par la mairie de Garons et la préfecture du Gard.

Voilà donc l'adjudication faite et approuvée, voilà l'impôt autorisé.

Le premier coup de pioche fut donné en avril 1855.

Toutes les irrégularités qu'on avait entassées pour en venir là, ce prodigieux amas de fautes, n'auraient pas empêché l'entreprise d'arriver au terme, pour peu que l'entrepreneur et l'architecte eussent mis de modération, de retenue à *violer le devis*.

Qu'ils l'eussent dépassé de 4 ou 5,000 francs, que même les 40,000 francs stipulés eussent atteint 48,000, ce qui eût fait 60,000 francs avec le prix du sol, c'eût été sans doute une charge écrasante : cependant tout démontre que nous l'aurions subie avec une résignation muette. Nous aurions payé les TRENTE-CINQ *centimes additionnels* jusqu'au terme fixé par l'arrêté préfectoral, et ce terme venu, un vote nouveau, suivi sans doute d'un autre arrêté pareil au premier, aurait renouvelé la taxe pour tout autant d'années qu'il l'aurait fallu, sans qu'un seul contribuable soupçonnât jamais qu'elle eût pu être établie et perçue contrairement aux lois de l'Empire.

Mais l'esprit de vertige avait inspiré l'entreprise dès son origine : il continua de souffler pendant la période d'exécution.

Au commencement de 1856, il y avait à peu près la moitié

de l'ouvrage faite, et la commune, ayant payé 27,000 francs environ, tant à l'entrepreneur qu'à l'architecte ou à l'un des vendeurs du sol, n'avait plus de fonds disponibles.

Pour lui en procurer, de peur que l'adjudicataire ne suspendît le travail, l'autorité locale imagina de faire emprunter par la commune 16,000 francs qui seraient amortis avec les intérêts dans onze ans, à dater de 1857, à raison de 2,000 francs payés chaque année, c'est-à-dire en prorogeant pour cinq ans de plus la perception des TRENTE-CINQ *centimes additionnels* déjà établis jusqu'à 1862 en vertu de l'arrêté préfectoral, prorogation qui, ne suffisant pas pour libérer la commune, ne pourrait manquer, au bout des onze ans, d'être renouvelée, personne n'en pouvait douter.

Eh bien, personne ne se rebuta ni devant les charges présentes, ni devant l'avenir inconnu, et le 6 avril 1856 une délibération du Conseil municipal, accru des plus forts contribuables, témoignage éclatant d'un esprit de sacrifice poussé, on peut le dire, jusqu'à l'héroïsme, accepta ce projet d'emprunt.

Mais le ministre de l'intérieur, à qui la proposition fut expédiée, comprit sans peine que les habitants de Garons avaient plutôt consulté leur bonne volonté que leurs forces, et il rejeta catégoriquement ce projet. Sa dépêche, annonçant au préfet cette décision, sous la date du 19 décembre 1856, déclare que, les contribuables étant déjà grevés d'environ TRENTE *centimes additionnels pour insuffisance de revenus,* OUTRE *les centimes spéciaux* affectés aux *chemins vicinaux, à l'instruction primaire,* au salaire du *garde champêtre....,* la nouvelle *contribution extraordinaire de* TRENTE-CINQ *centimes,* nécessaire pour opérer l'amortissement de l'emprunt, constituerait *à raison de sa durée* et *surtout de sa quotité excessive une charge* EXORBITANTE... et AURAIT POUR EFFET PRESQUE INÉVITABLE D'ÉPUISER LA MATIÈRE IMPOSABLE.

Quand il parlait ainsi, le ministre ne savait sans doute pas, le dossier de l'emprunt ne le lui ayant pas révélé, que depuis trois ans déjà, et pour six ans encore, nous étions courbés sous le poids de cette *charge exorbitante* ajoutée à toutes les autres, et que la MATIÈRE IMPOSABLE était en voie de *s'épuiser*.

Grâces lui soient rendues pour sa décision aussi humaine que sensée ! (Voir aux ANNEXES nº 4).

A la suite de cet incident, l'adjudicataire, instruit que la commune n'avait plus d'argent à lui compter, ferma son chantier qui ne s'est plus rouvert depuis.

Mais il demanda que le décompte des travaux exécutés fût réglé, et l'architecte dressa, le 16 avril 1857, ce décompte, qui s'éleva à 50,302 francs, le rabais déduit et sans y comprendre ses honoraires, ce qui eût fait, les honoraires compris, 52,815 francs.

52,815 francs pour les deux tiers environ de l'ouvrage, quand le prix de l'ouvrage entier, réglé à forfait par le contrat, n'était que de 39,670 francs !...

Cette foudroyante révélation éclata le 20 avril 1857 par l'envoi au maire *du décompte*, auquel l'architecte avait joint un *devis supplémentaire*, s'élevant à 20,000 francs, des travaux restant à exécuter.

Ainsi, par un renouvellement du mécompte éprouvé sur l'achat du sol, la dépense de la construction aurait finalement atteint 74,000 francs, et encore qui pouvait être assuré que le nouveau devis serait exact !...

Ici s'ouvre une nouvelle série de faits non moins extraordinaires que les précédents et, à certains égards, plus douloureux.

L'architecte avait été requis d'expliquer l'énorme accroissement de la dépense.

Il composa, en prenant tout le temps de la réflexion, une lettre de lui le déclare, il composa à loisir et voulut venir lire lui-même au Conseil municipal assemblé, le 5 juin 1857, un mémoire intitulé : *Rapport sur les travaux de l'église de Garons,* qui fut ensuite déposé sur le bureau.

Voici l'analyse fidèle de ce document : on jugera sans peine de la stupéfaction dans laquelle le Conseil municipal fut jeté, quand il en entendit la lecture.

L'architecte déclare : 1º que la construction d'une travée de plus et l'allongement des contre-forts, le tout *proposé par la* COMMISSION *des travaux publics*, et ORDONNÉ PAR LE PRÉFET, — M. R*** le dit ; le Conseil en entendait parler pour la première fois, — ont coûté 10,500 francs, nombre rond, non prévus au devis.

Il déclare : 2º que, le creusement des tranchées lui ayant *révélé une nature de sol différente de ce qu'il avait supposé,* il fut obligé, pour ne pas s'exposer à faire une construction d'une solidité douteuse, de modifier *son système de fondations*, ce qui coûte 2,702 francs de plus ; *son système de charpente supportant la toiture*, ce qui coûte 3,227 de plus ; et *son système d'écoulement des eaux pluviales*, ce qui coûte 1,094 francs de plus : triple modification au devis qu'il fit exécuter, la jugeant nécessaire, mais sans en avoir rien dit à personne, c'est avoué, et qui, en fin de compte, accroît la dépense de 7,024 francs.

Ces premières explications données, l'architecte aborde un troisième point.

Il déclare que le projet adopté par le Conseil municipal de Garons, mis en adjudication et adjugé, et auquel se rapportait le devis de 40,000 francs, *n'est pas celui qui a été exécuté sur le terrain, et qu'il en a été exécuté* UN AUTRE.

Et pour faire connaître comment une chose aussi extraordinaire a pu arriver, il raconte :

Qu'au début, il avait rédigé un projet dont le devis se portait à 56,342 francs ;

Que, l'ayant montré au maire et au curé, ces messieurs lui

3

dirent *qu'une telle dépense effrayerait le Conseil municipal et qu'il fallait qu'elle fût réduite ;*

Qu'alors, faisant subir à son projet une réduction proportionnelle eu égard à toutes les dimensions, *hauteur, épaisseur* et *surface*, qu'il avait primitivement adoptées, il composa, à l'aide de ce procédé, le nouveau projet de 40,070 fr. 94 cent. qui fut soumis au Conseil municipal et adopté, cette assemblée n'en ayant jamais connu d'autre;

Que, l'adjudication faite, et le moment venu de livrer à l'adjudicataire les dessins traduits sur une grande échelle qui devaient lui servir de guide, au lieu de le faire lui-même, il s'en rapporta de ce soin à un collaborateur ou employé de ses bureaux qui a toute sa confiance, toute son estime et qui en est digne ;

Que cependant ce préposé, vaincu par les obsessions du maire et du curé, cédant à une forte violence morale, consentit, pour leur plaire, à reprendre le projet originaire de 56,342 francs mis au rebut par son patron, dressa en conséquence les feuilles d'exécution conformément à ce projet, c'est-à-dire, en rétablissant les dimensions primitives, et alla, de concert avec l'entrepreneur, tracer sur le terrain le périmètre de l'édifice ;

Que non contents de ce consentement arraché, le maire et le curé exigeaient encore des extensions nouvelles, ne cessant pas de dire : *Nous voulons une grande, une belle église et l'argent ne manquera pas;* mais que le malheureux praticien résista cette fois en poussant ce cri désespéré : « J'ai pu consentir à tracer une église de 80,000 francs : il vous en faut donc maintenant une de 100,000 !... Désormais je n'ai plus à écouter vos ordres !.. »

M. R*** sur la foi de son employé, auquel il prodigue les éloges et les témoignages d'estime, atteste ce qu'on vient de lire. A l'appui de ses affirmations, il emploie un langage énergique et empreint d'une sorte de solennité, et termine par ces lignes :

Dieu merci, SI LE CONSEIL MUNICIPAL A ÉTÉ TROMPÉ JUSQU'AU-JOURD'HUI, *c'est involontairement de ma part* !...

Tel est cet écrit monumental composé par l'architecte pour sa défense, et par lequel il a cru se défendre, mais dans lequel il avait écrit à chaque ligne sa condamnation.

On se demande, après l'avoir lu, si la responsabilité pèserait sur lui plus ou moins lourde, selon que les imputations dirigées contre le maire et le curé seraient exactes, ou qu'elles seraient mensongères.

Dans toutes les hypothèses, la substitution d'un projet à l'autre, opérée sciemment par le représentant de l'architecte, engage la *responsabilité légale* de celui-ci, et l'engage au même degré, soit que ce représentant ait eu, soit qu'il n'ait pas eu des complices. M. R*** le reconnaît avec une louable franchise, n'ambitionnant, dit-il, rien de plus que de *partager assez largement avec d'autres la responsabilité morale*.

Soit, disions-nous : pourvu que ce ne soient pas les contribuables, bien innocents dans toutes les hypothèses, qui payent pour les coupables, quels qu'ils soient.

Mais on va voir comment les choses ont tourné.

La lecture du mémoire apologétique entendue, le Conseil municipal, frappé de la gravité de l'affaire, désira qu'elle fût étudiée à fond par une commission de trois de ses membres, le maire, l'adjoint et le CONSULTANT, celui-ci *rapporteur* nécessaire et désigné d'avance, le choix tombé sur lui ayant paru doublement indiqué par son titre d'avocat joint à celui de propriétaire, l'un des plus imposés.

Ce fut en accomplissant cette tâche qu'il explora les archives de la commune, vérifia les pièces, tira copie de quelques-unes et s'aperçut que l'imposition de 2,000 francs perçue depuis quatre ans n'avait pas été régulièrement établie.

Ennemi du scandale, il ne fit confidence à personne de cette découverte fâcheuse, et s'abstint dans son rapport de la mentionner.

Ce rapport, lu au Conseil municipal dans une séance du 27 septembre 1857, concluait à une poursuite immédiate contre l'entrepreneur et l'architecte.

Ici le maire posa le germe, insignifiant et inoffensif en apparence, de ce qui devint plus tard, — sans qu'il l'ait voulu sans doute alors, — l'immolation et la ruine de la commune consommées pour sauver l'entrepreneur, l'architecte surtout des conséquences de leurs immenses fautes.

Il assura qu'un accommodement amiable pouvait être tenté avec chance de réussir.

Un exposé qu'il avait apporté, rédigé d'avance, et qui fut inséré dans la délibération, indiquait comme bases de son projet quatre conditions qui n'en étaient pas moins distinctes, quoique noyées dans une rédaction obscure. C'étaient les suivantes ;

1° Reprise immédiate des travaux jusqu'à l'achèvement de l'église ébauchée : première condition, et la plus nécessaire de toutes, sans laquelle nul n'aurait osé ouvrir la bouche, de peur d'être malmené de l'assemblée et de toute la population ;

2° L'église finie, estimation du travail entier par un *expert choisi par la commune* qui en déterminerait rigoureusement *le prix de revient*, et renonciation de la part de l'entrepreneur à tout bénéfice ;

3° Renonciation également absolue par l'architecte à tous honoraires ;

4° Détermination ultérieure des moyens à prendre pour payer à l'entrepreneur ses stricts déboursés.

Un *avant-projet*, fondé sur de telles données, ne pouvait

être et ne fut repoussé de personne : le maire fut donc autorisé à le soumettre à l'architecte et à l'entrepreneur.

Mais quelque habileté que pût déployer ce fonctionnaire
pour mener à bonne fin une conception qui lui appartenait en
propre, ses efforts n'aboutirent pas ; — si bien que l'adjudicataire, prenant l'initiative des hostilités, intenta par-devant le
Conseil de préfecture du Gard, par un mémoire en date du
11 janvier 1858, une action en payement contre la commune, et
subsidiairement, contre l'architecte dont il n'avait fait, disait-il,
qu'exécuter les ordres.

Le Conseil municipal à son tour, ce mémoire ayant été renvoyé par le préfet à son examen, délibéra, le 7 février 1858, à
l'unanimité, que non-seulement l'attaque de l'adjudicataire serait repoussée, mais encore que le maire intenterait, au nom
de la commune, par-devant la même juridiction, une action
solidaire contre cet adjudicataire et l'architecte pour les con-
traindre à exécuter jusqu'au bout leurs engagements.

C'était l'adoption pure et simple des conclusions formulées
dans le rapport, œuvre du consultant. Il fut donc naturelle-
ment choisi pour être l'avocat de la commune : avocat sans
honoraires, cela coulait de source, mais qui n'était pas pour
cela *désintéressé*, puisqu'en défendant l'intérêt de tous, il com-
battrait aussi pour le sien propre.

*Le propriétaire, le conseiller municipal inscrit le premier au
tableau, le rapporteur*, devenu par surcroît *l'avocat en titre* de
la commune, avec le plein assentiment du maire qui n'était pas
le moins empressé à le remercier de ses travaux et de son dé-
vouement, se mit donc en devoir de pourvoir à la défense de
sa cliente.

Il rédigea dans ce but un mémoire succinct, mais qui s'en
référait à son rapport beaucoup plus développé. Il y joignit les

pièces nécessaires et fit expédier le tout par le maire à la préfecture le 15 mars 1858.

Le conseil de préfecture du Gard se trouva dès lors saisi du litige et des deux côtés à la fois, saisi selon le mode ordinaire, c'est-à-dire, par l'envoi des mémoires et dossiers respectifs adressés à ce tribunal sous une ENVELOPPE portant pour suscription *à Monsieur le Préfet.*

Les conclusions prises de part et d'autre posaient nettement tous les chefs du débat.

L'adjudicataire par son mémoire avait demandé :

1° Qu'on l'affranchît, en résiliant l'adjudication, de l'obligation d'achever l'église ; 2° qu'on lui payât le travail fait, 50,300 francs, conformément au décompte.

Le commune voulait au contraire :

1° Que l'adjudicataire, et conjointement avec lui, l'architecte fussent contraints d'achever l'église ; 2° que l'ouvrage entier fût payé *conformément au* DEVIS.

L'un et l'autre concluaient de plus à ce que la responsabilité des infractions au DEVIS tombât sur l'architecte.

Il semblait qu'il ne restât plus au tribunal saisi qu'à juger la cause, après toutefois que l'administration aurait communiqué à l'architecte les conclusions contre lui prises des deux parts, pour qu'il eût à produire, s'il le trouvait bon, sa défense.

M. le préfet l'entendit autrement.

Il ne laissa pas les mémoires et dossiers des parties arriver à leur destination.

Le surlendemain du jour où le maire avait expédié le sien au chef-lieu, la liasse lui fut renvoyée avec une dépêche (17 mars) portant :

Que l'affaire était mal engagée tant de la part de la commune que de celle de l'adjudicataire...., et qu'avant que le juge du contentieux pût être régulièrement saisi, l'administration, c'est-à-

dire que M. le préfet lui-même, avait préalablement *une décision à prendre*, ou *une décision à approuver* ;

Cela ne fut compris ni par le maire, ni par son avocat, celui-ci le confesse en toute humilité.

Il ne peut deviner en quoi l'action était mal ou prématurément engagée, ni quelle pouvait être cette décision préalable à prendre par le préfet, ou cette permission à obtenir de lui, avant de porter un litige, si nettement accusé déjà, devant le juge du contentieux.

L'avocat se disait : S'il est vrai que le conseil de préfecture ait été irrégulièrement saisi, soit par l'adjudicataire, soit par la commune, eh bien, c'est au conseil de préfecture à le déclarer, en rejetant, quant à présent, l'action que de part et d'autre on lui a déférée et en disant pourquoi. *Mal saisi*, c'est possible; mais *saisi :* et il n'appartient pas à M. le préfet, comme chef de l'administration, de le *dessaisir*.

Ce raisonnement paraissait à l'avocat sans réplique ; mais la conduite à tenir, eu égard au contenu de la dépêche accompagnant le renvoi des pièces, ne laissait pas d'être embarrassante.

On répondit tant bien que **mal**, en fournissant d'ailleurs certains renseignements que le préfet avait demandés, et l'on attendit que la pensée de la dépêche fût devenue plus claire, soit par d'autres communications, soit par des faits.

L'avocat demandait fréquemment au maire si rien de nouveau ne se produisait de la part de la préfecture : *la réponse du client était invariablement négative.*

Et cependant des faits nouveaux, des faits, on ne peut plus considérables, s'étaient produits.

En juin et juillet, l'entrepreneur d'abord et puis l'architecte s'étaient successivement rendus dans les bureaux de la préfecture, et là chacun d'eux, à ce provoqué, disait-il, par une dépêche précédemment adressée à l'architecte par M. le Préfet, avait déposé *une déclaration portant qu'il adhérait à la transaction proposée par le conseil municipal dans sa délibération du 27 septembre 1857.*

Or, d'une part, la délibération du 27 septembre 1857 avait été remplacée par celle du 7 février 1858 attestant que le conseil municipal ne voulait plus transiger, mais exercer judiciairement dans toute leur rigueur les droits de la commune.

Et, d'autre part, ces messieurs, tout en disant se rallier au projet d'arrangement que le conseil avait permis au maire de tenter en septembre 1857, en retranchaient hardiment les conditions les plus fondamentales, et les seules dont la commune tirât profit ; ainsi, bien loin d'admettre que les travaux seraient *repris et l'édifice achevé,* ils stipulaient comme une condition *sine quâ non,* que l'adjudication serait résiliée, et qu'ils seraient à cet égard affranchis de leurs engagements primitifs. L'entrepreneur n'acceptait pas non plus que l'expert qui vérifierait les travaux exécutés pour en constater le prix de revient, les purs déboursés, fût exclusivement *choisi par la commune.*

Et voilà ce qu'on appelait accepter *la transaction proposée!*

Au demeurant, quand bien même les déclarations dont il s'agit, au lieu de poser des conditions dérisoires à force d'être *léonines,* eussent été proposables, comme préliminaires d'une négociation nouvelle à ouvrir, la première ayant avorté ; quel homme droit et juste pourra croire que de telles pièces déposées à la préfecture du Gard, l'une le 14 juin, l'autre le 6 juillet 1858, n'aient pas été, aussitôt après leur apparition, transmises à la commune, c'est-à-dire au conseil municipal, avec invitation de délibérer à ce sujet !...

Cela n'est pourtant que trop vrai : aucune communication n'en fut donnée à la commune légale : les choses se passèrent comme en 1854, alors que la *commission consultative* avait émis cet avis qui accroissait de plus de dix mille francs la dépense et que le secret en fut si soigneusement gardé vis-à-vis du conseil municipal.

Le maire connut ces déclarations, il est impossible qu'il ne les ait pas connues. Il les agréait, lui, car il les avait inspirées : il dut se porter garant que la majorité de son conseil subirait sans résistance une décision préfectorale établie sur ces bases, et cela fut jugé suffisant.

Le point capital pour le maire était que *son avocat, l'avocat de la commune,* fût tenu dans l'ignorance de ce qui se passait. Il réussit sans peine. Cet avocat n'a jamais su prévoir et déjouer une fourberie.

De ces préliminaires, il sortit tout à coup un arrêté signé de M. le préfet le 4 août 1858 qui fut expédié à Garons, avec une dépêche du même jour dans laquelle ce magistrat annonce *qu'il a réglé par cet arrêté les difficultés auxquelles a donné lieu la construction de l'église.*

Quelle est la vraie nature de cet acte? Est-ce un jugement?

C'est un problème non encore résolu.

Ce qui est certain, c'est que l'avocat de la commune, le maire et le conseil municipal le prirent pour un jugement :

Il leur parut en avoir tous les caractères intrinsèques et même extérieurs.

Il se compose d'un dispositif en cinq articles précédés d'une longue série de documents analysés, et de considérants très-travaillés parmi lesquels on trouve couchées tout au long les déclarations de l'entrepreneur et de l'architecte dont l'existence nous fut ainsi révélée.

On y voit débattues par le raisonnement dans les motifs, et tranchées par le commandement dans le dispositif les trois questions de la cause sur lesquelles il y avait eu devant le conseil de préfecture conclusions posées des deux parts, à savoir :

La résiliation du marché.

Le règlement du prix des travaux faits.

Le degré de responsabilité de l'architecte.

Et toutes trois sont résolues contre la commune sauf d'insignifiants correctifs.

En effet, l'arrêté, par l'article 1er, résilie l'adjudication, et par l'article 5 déclare qu'il sera ultérieurement statué sur la reprise des travaux ;

L'article 2 approuve le décompte fait par l'architecte des travaux exécutés, ledit décompte s'élevant à 50,302 francs, le rabais déduit ; sauf, dit l'article 3, à retrancher de cette somme le bénéfice que réaliserait l'entrepreneur, si bénéfice il y a, et pour le vérifier, une expertise contradictoire est ordonnée, sur le résultat de laquelle M. le préfet se réserve de prononcer.

L'article 4 supprime à l'architecte la totalité de ses honoraires, lui enjoignant même de rendre ceux qu'il aurait déjà reçus.

Voilà tout l'arrêté du 4 août 1858.

On ne devine pas ce qu'un juge régulièrement saisi et dans la plénitude des pouvoirs judiciaires eût pu faire de plus.

On ne comprend pas qu'un magistrat compétent pour prononcer sur le litige et voulant le juger en ce sens, eût rédigé autrement la sentence.

Aussi M. le préfet semble-t-il tellement persuadé qu'il vient de rendre un jugement, qu'après avoir annoncé, dans sa lettre d'envoi du 4 août, que *son arrêté règle les difficultés auxquelles la construction de l'église avait donné lieu*, il ajoute que le maire devra se mettre incontinent en devoir de l'exécuter, d'abord en faisant procéder à l'expertise ordonnée, et puis en s'occupant de la recherche des voies et moyens nécessaires pour acquitter la dette mise à la charge de la commune.

Voilà pourquoi le maire, le conseil municipal et l'avocat de la commune pensèrent tous que l'arrêté du 4 août 1858 était un jugement, une véritable condamnation dont la commune était frappée.

L'avocat, en son particulier, pensa de plus que ce jugement, d'une part, avait été rendu par un juge incompétent et qui n'avait pas pouvoir de le rendre ; d'autre part, qu'il était, à l'insu et contre la volonté de son auteur, empreint d'erreur et d'injustice ; chose d'ailleurs à peu près inévitable, parce que, non-seulement la commune avait été condamnée sans être entendue et sans avoir été mise en demeure de se défendre, mais encore parce que le *rapport de bureau*, sur la foi duquel M. le préfet crut pouvoir former sa décision, avait poussé l'inexactitude jusqu'à métamorphoser et dénaturer du tout au tout la pièce capitale du procès, c'est-à-dire, *le mémoire de l'architecte*. Il résulte, en effet, de l'arrêté lui-même, avec une certitude presque matérielle, que le *vrai contenu* de ce document n'est pas venu à la connaissance de M le préfet, et que ce magistrat, forcé de le lire par les yeux d'autrui, ne l'a connu que par une analyse infidèle.

Il ne serait pas possible, sans cela, de comprendre que des fautes prodigieuses avouées par l'architecte, et dont il déclarait accepter toute la *responsabilité légale*, sans compter celles qu'il n'avouait que sans le vouloir et qui n'étaient ni moins graves, ni moins évidentes, n'eussent abouti qu'à une privation d'honoraires.

En résultat, cette sentence funeste, si c'en est une, prononce ou implique contre la commune des condamnations tellement graves qu'elles pourraient devenir inexécutables par leur excès même. La dette communale envers l'entrepreneur, liquidée conformément à l'arrêté, et grossie du prix non encore payé de l'un des terrains, formerait une somme dont *vingt centimes additionnels* perçus dans la commune n'égaleraient pas l'intérêt annuel. En pareil cas, d'après une théorie dont les applications

ne sont pas rares, l'administration exige que le créancier
d'une commune consente à subir sur son capital une réduction
plus ou moins notable, à défaut de quoi elle lui refuserait son
appui pour en opérer le recouvrement (1).

Mais l'administration agit de la sorte, quand elle le trouve
bon. Elle n'accomplit pas une obligation, elle use d'une faculté.
Était-il raisonnable de penser que le préfet du Gard en voudrait user en notre faveur, qu'après avoir lui-même constitué
la commune débitrice, il obligerait son créancier de la tenir
quitte à 50 pour 100 de rabais ?

Si donc l'arrêté préfectoral était accepté de gré ou de force,
s'il devenait titre exécutoire et chose jugée, la commune de
Garons se verrait acculée dans l'alternative, ou de rester grevée
d'une dette inextinguible, puisque le MAXIMUM *des centimes
additionnels* ne suffirait pas au service des seuls intérêts ou
d'échapper, par une sorte de banqueroute, si le préfet voulait
bien s'y prêter, à une partie de sa dette, tout en surchargeant
pendant bien des années ses contribuables pour payer le
surplus.

Telle était, prévue ou non par l'auteur de l'arrêté, la situation faite à la commune : c'est-à-dire aux propriétaires exposés
à payer pour elle, puisqu'elle ne possède rien.

Une étude attentive en fit apercevoir au CONSULTANT les dan-
gers éloignés ou prochains.

Plein d'anxiété en voyant aussi gravement compromis dans
le présent et dans l'avenir les intérêts de la masse des contribuables, et les siens propres auxquels il ne se vante pas d'être

(1) Davenne, *Régime administratif et financier des communes*, première part., chap. 5, § 5, n. 35, et les autorités qu'il cite,— page 180 de
l'édition de 1858.

Add. arrêts du conseil d'Etat, — 29 mars 1853, Giraud ; 22 avril 1858,
Coquelin, c. comm. de Buzançais.

indifférent, bien qu'il les place en seconde ligne, il proposa au conseil municipal, convoqué pour prendre connaissance de l'arrêté du préfet, de recourir aux voies légales pour en obtenir la réformation et conjurer ainsi ses effets désastreux.

Cette proposition échoua.

Pour la combattre, le maire avait fait jouer deux puissants ressorts, la crainte et l'espoir. Il sut persuader à la majorité que M. le préfet ayant prononcé, résister à sa volonté serait une folie *dangereuse* ; et que, si la commune avait au contraire la sagesse de s'y soumettre, ce puissant fonctionnaire ne manquerait pas de solliciter et obtiendrait pour elle du gouvernement une subvention telle que non-seulement, avant peu, la dette communale serait amortie, mais encore que les travaux de l'église ébauchée pourraient être promptement repris et menés à fin.

Ces considérations, adroitement déduites, emportèrent le vote, et déterminèrent l'acquiescement du conseil consigné dans sa délibération du 26 septembre 1858.

Il ne faudrait pas conclure de cet acquiescement *obtenu alors*, après l'arrêté du préfet, que, si le conseil municipal eût été consulté sur les *déclarations émanées de l'entrepreneur et de l'architecte* qui furent, cela est patent, les bases essentielles et la cause déterminante de cet arrêté, il aurait adhéré à cette *prétendue* TRANSACTION, dans laquelle tout le profit était d'un côté, et tous les sacrifices de l'autre.

Quoi qu'il en soit, l'intérêt de toute une propulation n'est pas à la discrétion absolue de la majorité d'un conseil municipal inintelligente ou crédule.

Le CONSULTANT et quatre autres contribuables, qui voulurent se joindre à lui, prirent le parti d'exercer en leur nom indiduel, et à leurs frais et risques, comme la loi le leur permet, l'action que les représentants ordinaires de la commune avaient désertée.

QUATRIÈME PÉRIODE

Les cinq contribuables, s'adressant d'abord à M. le préfet lui-même, lui demandèrent le rapport de son arrêté.

Le préfet repoussa cette réclamation d'une manière absolue par deux dépêches adressées au CONSULTANT les 23 avril et 16 mai 1859.

Dans ses mémoires, le CONSULTANT avait fait connaître à M. le préfet toute sa pensée, et l'avait entretenu notamment, sans s'écarter un seul instant du respect dû à sa personne aussi bien qu'à ses fonctions, de cette lourde contribution qui se percevait dans la commune depuis cinq ans en vertu de l'arrêté du 7 septembre 1854 et qui n'était rien moins que régulièrement établie.

A ce sujet, la dépêche préfectorale du 16 mai répond en ces termes :

« Vous insistez de nouveau sur l'irrégularité de l'arrêté pré-
» fectoral qui avait autorisé la commune à s'imposer extraor-
» dinairement 2000 francs pendant huit années, de 1855 à 1862
» Je regrette, Monsieur, de ne pouvoir admettre vos observa-
» tions à cet égard. Cet arrêté était parfaitement régulier,
» loin d'admettre, comme vous l'énoncez par votre mémoire
» du 3 mai, que jamais il n'a été permis à un préfet d'auto-
» riser la levée d'une contribution extraordinaire dans une
» commune, je crois devoir vous faire connaître que chaque
» année j'autorise des impositions extraordinaires pour plus
» de cent communes ; cette disposition n'est nullement
» abusive. »

Rien de plus légitime sans contredit, si ces impositions se rapportent à des *dépenses communales* OBLIGATOIRES ; dans le cas où elles se rapporteraient, par malheur, à des dépenses purement FACULTATIVES, ce que le CONSULTANT ne croit pas, ce serait effrayant.

Plus bas M. le préfet ajoute :

« Je crois devoir vous annoncer, Monsieur, à titre de ren-
» seignement, que par arrêté du 21 avril dernier (1859), je
» viens de décider que l'arrêté du 7 septembre 1854 autori-
» sant la commune à s'imposer extraordinairement jusqu'en
» 1862, cessera de recevoir son exécution à partir du 1er
» janvier 1860, parce que le conseil municipal a présenté de
» nouvelles propositions dont l'adoption doit avoir pour effet
» de rendre cet arrêté désormais sans objet. »

Voilà donc la contribution annuelle de 2,000 francs suppri-
mée pour les trois dernières années restant à courir : c'était un grand point de gagné.

Quant aux mesures proposées pour la remplacer, il y aura lieu de s'en occuper plus tard (1).

Repoussés par le préfet, les contribuables s'adressèrent à son supérieur hiérarchique, et par une requête présentée le 26 mai 1859 à M. le ministre de l'intérieur, ils conclurent à ce que l'arrêté du 4 août 1858 fût annulé pour cause *d'incompé-tence* et *d'excès de pouvoir*.

Mais par une dépêche adressée au préfet, le 31 août 1859, le ministre décida que ce recours n'était pas fondé.

Et pourquoi? Parce que le préfet avait pu, conformément à la jurisprudence, sans excéder ses attributions, *résilier* un marché d'adjudication de travaux publics communaux et *ap-prouver le décompte* des travaux faits, l'arrêté pris à cet égard ne constituant qu'un *acte de tutelle administrative, lequel ne*

(1) Voir l'APPENDICE.

faisait pas obstacle à ce que le conseil de préfecture, juge du con-
tentieux, statuât ultérieurement sur les réclamations que feraient
naître tant l'adjudication résiliée que le décompte approuvé.

Motivé de la sorte et contenant une telle interprétation de
l'arrêté préfectoral, le rejet de notre recours était un succès.

Qu'avaient ambitionné les réclamants? Une seule chose :
avoir accès au conseil de préfecture du Gard et lui soumettre la
cause de la commune contre l'entrepreneur et l'architecte,
afin qu'il la jugeât au fond, après l'avoir contradictoirement in-
struite.

Entrant donc dans la voie que le ministre lui-même semblait
leur ouvrir, le CONSULTANT et ses consorts présentèrent, le 14 décembre 1859, au conseil de préfecture du Gard une requête
ayant pour objet d'obtenir une décision sur le fond du procès.

On y concluait, non plus à ce que l'adjudicataire et l'architecte fussent contraints d'achever l'église, parce que la mort
toute récente de l'adjudicataire avait légalement résilié le marché,
mais à ce que la commune fût déclarée envers lui, non-seulement quitte, mais encore créancière d'un *surpayé* pouvant s'é-
lever à un millier de francs, sauf à lui d'exercer contre l'architecte tout recours légitime, s'il était en perte pour lui avoir
obéi.

Cette requête forme un écrit très-étendu, parce que tous
les faits y sont relatés et toutes les questions discutées en détail, sauf toutefois la compétence du conseil de préfecture.
Les réclamants n'avaient pas supposé que, vu les termes de
la décision ministérielle, cette compétence pût être mise en
question.

Jaloux de rendre plus facile et plus commode à leurs juges
l'étude du procès, en remettant à chacun d'eux un exemplaire
de la requête, ils crurent bien faire de la livrer à l'impression
ainsi qu'une note complémentaire destinée à la fortifier.

Mais l'imprimeur n'avait pas fini sa besogne, quand tout à

coup la cause se trouva jugée : la distribution des imprimés devint donc superflue.

Le conseil de préfecture, dans une séance tenue le 30 décembre 1859, sous la présidence de M. le préfet, statuant sur la demande formée le 14, s'était déclaré incompétent.

Entre cette décision et celle de M. le ministre de l'intérieur la contradiction est flagrante. Il ne se peut que la seconde ne soit pas erronée si la première est exacte, et réciproquement.

C'est pourquoi le CONSULTANT et ses coïntéressés les ont déférées l'une et l'autre au conseil d'Etat.

Leur double pourvoi devant ce haut tribunal est pendant.

Ici s'arrête le développement des faits constituant *l'affaire de la* COMMUNE DE GARONS, dans laquelle les cinq contribuables ne jouent pas d'autre rôle que celui de ses défenseurs et représentants, à défaut du maire et du conseil municipal qui n'ont pas voulu l'être.

CINQUIÈME PÉRIODE

Lorsque le CONSULTANT engagea cette lutte, déterminé à la soutenir jusqu'à épuisement des moyens légaux, il ne se dissimula pas qu'il se jetait dans une entreprise difficile, hérissée d'obstacles.

Voilà déjà, en effet, plus d'un échec essuyé.

Il ne se décourage pas cependant, parce que sa foi dans la justice de sa cause n'est point ébranlée, parce qu'une voix ne cesse pas de crier dans sa conscience que la condamnation prononcée par l'arrêté du 4 août 1858 au profit d'un entrepreneur et d'un architecte qui se sont joués avec une incroyable audace de leurs engagements, contre une commune qui, malgré sa profonde pénurie, a tenu tous les siens, consacre une véritable iniquité, — à l'insu et contre la volonté de son auteur, — iniquité qui, tôt ou tard, sera réparée.

Si pourtant l'arrêté préfectoral devait finir par rester debout, pesant de tout son poids sur une commune insolvable et sur ses habitants obligés, le cas échéant, de payer pour elle, en regard de cette situation possible qu'il faut bien regarder en face, le CONSULTANT se demanda s'il n'avait pas des précautions à prendre pour la défense de ses deniers, de son patrimoine déjà appauvri et menacé de l'être davantage, et il songea sérieusement à se ménager des ressources qui lui vinssent en aide pour satisfaire aux charges qu'il aurait personnellement à subir.

Revenant alors à cet autre arrêté préfectoral de 1854, autre erreur qui a servi de base pendant cinq ans à la perception d'une taxe irrégulière ; autre excès de pouvoir plus manifeste que celui de 1858, le CONSULTANT, en citoyen nourri dans le culte des lois et qui croit à leur toute-puissance, comme le prêtre croit au Dieu qu'il prêche, résolut de résister légalement à tout payement ultérieur de l'impôt qu'il juge illégitime et d'exercer en outre le droit de répétition par rapport aux exercices antérieurement soldés.

En conséquence, le 12 septembre 1859, pour s'affranchir de l'impôt en question relatif à *l'année lors courante*, le CONSULTANT, par une requête en forme adressée au ministre de l'intérieur, demanda l'annulation de l'arrêté préfectoral du 7 septembre 1854, ensemble celle du mandement par lequel le préfet a rendu exécutoires les rôles de contributions directes de la commune de GARONS pour l'exercice 1859 en ce qui touche la taxe de 2,000 francs afférente à l'église.

Puis, durant le même mois de septembre, il forma contre l'ancien percepteur des contributions directes, devant le tribunal civil de Nimes : 1° une action en répétition de sa part dans la même taxe afférente aux trois exercices 1856, 1857 et 1858, ladite part s'élevant pour ces trois années réunies à 832 francs 72 centimes outre les intérêts ; 2° une action en payement d'une somme égale à titre de dommages-intérêts.

Cette fois le CONSULTANT voulut agir seul, à ses périls et risques, et lui-même dissuada ses consorts dans les autres réclamations de s'associer à celle-ci.

Cette double réclamation, l'une devant le ministre, l'autre devant le tribunal de première instance une fois formulée, et son intérêt ainsi sauvegardé pour l'avenir, le CONSULTANT aurait volontiers laissé en suspens l'une et l'autre action, autant que la chose eût dépendu de lui, attendant de savoir, pour y donner suite ou les abandonner, ce qui adviendrait de la cause de la commune déférée au conseil d'État.

Mais il reçut de M. le préfet une dépêche du 7 février 1860 ainsi conçue :

« Monsieur, vous avez formé devant le ministre de l'inté-
» rieur un pourvoi contre un arrêté du 7 septembre 1854, par
» lequel j'ai autorisé la commune de Garons à s'imposer ex-
» traordinairement en huit années, de 1855 à 1862, une somme
» de 16,000 francs pour concourir, avec d'autres ressources,
» aux frais de reconstruction de son église.

» Par décision du 31 janvier dernier, M. le ministre a rejeté
» ce pourvoi et m'a chargé de vous informer que, votre recours
» étant dénué de fondement, il n'y sera pas donné d'autre
» suite.

» Son Excellence fait remarquer, ainsi que j'ai eu l'honneur
» de vous le faire connaître moi-même (1), que la *construction*
» *d'une église à Garons constitue une dépense communale obli-*
» *gatoire*, aux termes des dispositions combinées du décret du
» 30 décembre 1809 et de la loi du 18 juillet 1837, et que par
» conséquent il m'appartenait, en vertu de l'article 40 § 1er de
» cette loi, d'autoriser la commune de Garons à recourir à une
» imposition extraordinaire destinée au payement de la dé-
» pense en question.

» L'arrêté du 7 septembre 1854 a donc été pris dans les li-
» mites de mes attributions.... »

Cette dépêche lue, le CONSULTANT s'empressa de vérifier le décret du 30 décembre 1809 sur les *fabriques d'églises.*

Il y trouva :

Que les fabriques ont mission de veiller à l'entretien et à la conservation des temples ;

Que de ce principe découle pour elles l'obligation de pour-voir aux réparations d'entretien et même aux grosses répara-

---

(1) M. le Préfet se trompe : dans aucune des dépêches qu'il a bien voulu adresser au CONSULTANT, il n'a énoncé que telle eût été sa pensée.

tions par leurs ressources propres, quand elles en ont de suffi-
santes ;

Que, dans le cas contraire, l'obligation de réparer incombe
aux communes ;

Que même, certains ont pensé qu'en ce qui touche les *grosses
réparations*, l'obligation d'y pourvoir pèse directement sur la
commune, sans que la pénurie de la fabrique ait été préalablement constatée ;

Que, dans tous les cas, pour que la commune soit assujettie,
soit directement, soit subsidiairement, à payer les réparations
d'un édifice religieux, il faut que les conditions et formalités
suivantes aient été remplies, savoir :

1° Délibération prise par le *conseil de fabrique* sur le rapport
du *bureau des marguilliers* tendante à ce qu'il soit pourvu
par la commune aux réparations jugées nécessaires ;

2° Nomination par le préfet de gens de l'art, chargés de
dresser le devis estimatif des réparations, en présence d'un mar-
guillier et d'un conseiller municipal ;

3° Examen de ce devis par le conseil municipal et délibération quant à ce ;

4° Enfin arrêté du préfet, ordonnant que les réparations seront faites aux frais de la commune :

Après quoi il est satisfait à la dépense sur les seuls revenus
communaux quand la chose est possible, sinon à l'aide de ressources extraordinaires créées selon les règles du droit commun.

Le CONSULTANT, continuant l'étude du décret de 1809, y
trouva que les grosses réparations dont les fabriques ou les
communes sont tenues peuvent aller jusqu'à devenir des *reconstructions*, mot que l'on rencontre dans les articles 37 et 98
et qui ne peut s'entendre évidemment que de *reconstructions
partielles*.

Voulant même épuiser ce sujet et en toucher l'extrême limite, il se demanda s'il n'y aurait pas lieu, *une église existante*

venant à crouler tout entière, de considérer sa reconstruction totale comme constituant une dépense *obligatoire* à l'égal des frais d'une grosse réparation. Il est porté à croire que l'on peut, à toute rigueur, résoudre cette question par l'affirmative, quoique la chose ne soit, certes, pas sans difficultés.

Mais ni dans le décret de 1809, ni dans la loi de 1837, le CONSULTANT ne sut découvrir un seul mot qui lui permît de penser que l'on qualifiât jamais *dépense communale obligatoire* la construction d'une église entièrement neuve et l'achat de son emplacement, quand l'église existante est jugée trop petite eu égard à l'accroissement de la population.

Et par là il fut amené à conclure que la décision ministérielle reposait sur une erreur matérielle, sur un malentendu.

Imbu de cette idée, il crut pouvoir et devoir l'exprimer à M. le ministre lui-même sans violer la loi ni les convenances. Bien qu'il soit interdit, en thèse générale, de discuter avec le juge qui a prononcé, personne n'ignore que les magistrats de l'ordre le plus élevé souffrent quelquefois, même en audience publique et après la prononciation d'un arrêt, qu'un avocat relève sur-le-champ une erreur de fait, sur quoi la délibération est reprise parfois et il en peut sortir un arrêt nouveau.

S'autorisant de ces exemples, le CONSULTANT, dans une dépêche qu'il eut l'honneur d'adresser le 13 février dernier, au ministre, lui fit respectueusement observer que la contribution extraordinaire autorisée pour huit ans par l'arrêté du 7 septembre 1854 n'avait pas eu pour objet de pourvoir, soit à la dépense de *réparations grosses ou petites*, soit à celle *d'une reconstruction partielle ou totale de l'église existante*, laquelle est dans un état de conservation et de solidité à toute épreuve (1),

(1) La délibération de 1853 a eu beau dire que la *construction d'une église neuve est de la plus stricte et de la plus urgente nécessité;* ce n'est là qu'une métaphore exprimant du reste avec vérité le désir vé-

mais de payer la construction d'une *autre église* entièrement neuve et devant être assise sur un terrain qu'il fallait acquérir de gré ou de force à deux propriétaires, ce qui lui serait attesté par la délibération du 26 juin 1853 dont le CONSULTANT joignit à sa dépêche la copie intégrale.

Ces indications terminées, le CONSULTANT s'exprimait ainsi :

« La vérité du fait étant rétablie, vous apprécierez *en droit,*
» Monsieur le Ministre,

» Si M. le Préfet du Gard a pu autoriser pour huit ans et
» faire percevoir pendant cinq ans dans la commune de
» Garons cette imposition extraordinaire ;

» Si c'était là une dépense OBLIGATOIRE, de celles qu'un
» préfet peut rendre exécutoires quand un conseil municipal
» les a votées, et qu'il pourrait *imposer d'office* à défaut de ce
» vote ;

» Si l'arrêté préfectoral qui a autorisé une semblable con-
» tribution doit être, *par le dépositaire du pouvoir central,*
» tenu pour irréprochable et confirmé, par cela seul qu'on lui
» aura justifié que la fabrique de l'église existante était hors
» d'état de pourvoir à la construction de l'église nouvelle (1).

hément de la population entière. Mais depuis lors et durant plus de sept ans le culte n'en a pas moins été très-convenablement célébré dans l'église existante, et il le sera longtemps encore sans inconvénients bien sérieux.

(1) Une délibération prise le 11 décembre 1859 par le conseil de fabrique réuni en séance extraordinaire sur l'invitation du préfet, porte que « *pour le passé* la fabrique n'a pu, et ne peut pas *quant au présent,* » concourir à la *reconstruction* de l'église ; mais le conseil espère » qu'elle le pourra lorsqu'elle aura pris possession de cette nouvelle » église. » Le mot *reconstruction* est employé par M. le préfet dans la dépêche qui provoqua cette réunion et la fabrique l'employa à son tour.

Il est probable qu'une expédition de cette délibération fut adressée au ministre avant sa décision du 31 janvier.

« Plus spécialement, et si vous trouvez bon, Monsieur le
» Ministre, d'entrer plus avant dans les particularités de la
» cause, vous apprécierez si M. le préfet du Gard a pu prendre
» son arrêté, établir, par son autorité seule, le contribution
» objet du débat, lorsque précédemment il en avait référé à
» l'autorité centrale et qu'il avait reçu de M. le ministre de
» l'intérieur *sur le sujet même de* CETTE CONTRIBUTION, la re-
» commandation expresse d'annexer au dossier, en le ren-
» voyant au ministère, les pièces nécessaires pour que l'autorité
» centrale prononçât, — recommandation contenue dans la
» dépêche ministérielle du 4 novembre 1853, dont ci-joint la
» copie. »

Jusqu'à ce jour 20 avril 1860, rien n'a fait connaître au
CONSULTANT si sa dépêche du 13 février serait prise en considération au ministère, et le délai du recours ouvert contre la
décision ministérielle du 31 janvier dernier est près d'expirer.

Au moment de former ce recours, le CONSULTANT n'a pu se
défendre d'une sérieuse inquiétude.

Ne s'est-il pas trompé, quand il a dirigé contre le préfet du
Gard devant son ministre l'imputation d'avoir établi et fait
percevoir pendant cinq ans dans la commune de Garons un
impôt extra-légal ?

Ce qu'il peut affirmer et qu'il affirme hautement, c'est que
l'opinion qu'il a embrassée est le résultat d'une étude non
moins sincère qu'opiniâtre.

Mais il n'est pas, il n'a jamais été, Dieu merci, assez infatué
de ses opinions pour ne pas comprendre qu'il peut être tombé
dans l'erreur ; il n'a que trop sujet de se défier de ses propres
lumières.

Et s'il venait à lui être démontré qu'il se trompe, ne serait-
on pas en droit de lui reprocher un coupable entêtement,
tandis qu'il s'imagine défendre avec une louable fermeté un
intérêt légitime, donner peut-être un utile exemple ?

Telles sont les pensées qui le préoccupent et le font, par moments, hésiter.

Dans cette situation, il s'adresse demandant conseil et appui au barreau parisien, cet éclatant foyer de lumières dans le droit public et dans le droit privé.

Auprès des avocats à qui ce mémoire sera présenté, il invoque, comme titre à leur bienveillance, trente-trois ans d'exercice effectif de leur commune profession, exercice qui n'a pas dû être sans honneur, si l'on en juge par les suffrages qui, quatre fois en quatorze ans, lui ont conféré la dignité de chef de l'ordre devant la Cour impériale de Nîmes ; il invoque l'esprit de confraternité dont le barreau s'est honoré dans tous les temps.

Il soumet donc à leur profonde science les questions formulées en tête du présent écrit, les priant de vouloir bien résoudre aussi celles qu'il aurait omis de proposer et qui se rattacheraient comme accessoires au sujet principal.

Fait à Garons le 20 avril 1860.

GRELLEAU.

P. S. L'imminence de l'expiration du délai a obligé le CONSULTANT à former son pourvoi contre la décision ministérielle du 31 janvier dernier. Ce pourvoi fut déposé le 5 mai 1860. Les questions qu'il soulève, pour être déjà, du moins la principale, soumises au conseil d'État, n'en paraissent être devenues que plus dignes de l'examen des jurisconsultes.

Note du 10 juin 1860.

G.

ANNEXES

AU

MÉMOIRE A CONSULTER

ANNEXE N° I

Extrait du registre des délibérations de la commune de Garons, folio 39 verso.

Séance du 26 juin 1853.

L'an mil huit cent cinquante-trois et le vingt-six juin, le Conseil municipal de Garons, officiellement réuni dans la salle ordinaire de ses délibérations, et corroboré par l'aide et le concours des plus forts imposés,

Présents à la séance, MM. Dijol, maire président ; Defrêche, adjoint ; Auzéby, Raymond, Trintignan, Fontanier, Grelleau, Chabaud, Huc, Gorsse, Barriol, Pécheral, Mauger, Dijol (François), Boyer, Brémond, Baùtias, Guion,

M. le maire président s'exprime ainsi :

Vu le plan de la nouvelle église que la commune se propose de construire, rédigé par M. R***, architecte à Nîmes ;

Vu le devis y annexé s'élevant au chiffre de fr. 40,000 ;

Vu l'acte *notarié* (1) par lequel les demoiselles C*** déclarent venir en aide à la commune dans ladite dépense pour une somme de 12,000 francs dont le payement sera garanti par une inscription sur leurs propriétés ;

---

(1) *Sic.* Mais c'est une erreur matérielle. Il n'a jamais existé qu'une déclaration *privée*, contenant promesse de faire donation, avec réserve d'un double usufruit.

Vu l'évaluation approximative du produit de l'église actuelle, y compris le sol, donnant un chiffre de 5,000 francs;

Vu un procès-verbal d'expert établissant que l'ancien cimetière est d'une valeur de 1,000 francs ;

Vu le certificat du receveur municipal, constatant que la commune possède au Trésor, pour être affectée à cette construction, une somme de 6,000, francs provenant d'une imposition extraordinaire *ad hoc ;*

Vu le budget de 1853, où figure une somme de 2,000 francs, ayant même origine et même destination ;

Considérant que la construction d'une nouvelle église a Garons est de la plus stricte et de la plus urgente nécessité ;

Considérant que le projet dressé par M. R*** paraît bien conçu et devoir répondre aux besoins de la commune ; que le terrain où la nouvelle église doit être assise a été officieusement indiqué par monseigneur l'évêque, choix auquel le Conseil municipal et tous les fidèles ont applaudi ; que la moitié de ce terrain peut être considérée comme acquise déjà à la commune, puisqu'il existe *une promesse écrite* de la part du propriétaire, en faveur de la commune représentée par son maire à ce autorisé par le Conseil, promesse à laquelle il ne manque, pour être obligatoire, que l'approbation de l'autorité supérieure, laquelle ne sera sans doute pas refusée ;

Et quant à l'autre moitié, qu'une délibération du 15 mai dernier en sollicite auprès de la haute administration l'expropriation pour cause d'utilité publique ;

Considérant que toutes les ressources susmentionnées de la commune sont inférieures d'une somme de 16,000 francs au montant du devis arrêté; que, sans douter des bonnes dispositions du gouvernement, il n'est toutefois pas permis de compter sur une subvention aussi élevée;

Qu'il convient dès lors de recourir d'ores et déjà à un nou-

vel impôt extraordinaire dont le chiffre est actuellement déterminé et réglé par le Conseil municipal renforcé,

Délibère ce qui suit :

ART. 1er.— Les plans et devis rédigés par M. R***, architecte
à Nîmes, sont admis, et M. le préfet est prié de les revêtir de
sa haute approbation.

ART. 2. — L'ancienne église et le vieux cimetière seront
aliénés, et le prix de ces immeubles sera réuni aux autres ressources destinées à la construction de l'église dont il s'agit.

ART. 3. — Une somme de 16,000 francs à percevoir par annuités de 2,000 francs pendant huit ans et destinée à faire
atteindre nos ressources actuelles au chiffre du projet admis,
est votée avec l'assentiment et le concours des plus forts imposés.

ART. 4. — M. le préfet est supplié d'accorder ou de faire accorder à la commune en un ou plusieurs exercices une subvention proportionnée aux besoins et au bon vouloir de la localité.

Fait en séance les jour, mois et an que d'autre part, et ont
les membres présents signé.

(Suivent les signatures).

ANNEXE N° 2

Paris, le 4 novembre 1853.

Monsieur le préfet,

Le 22 septembre dernier vous m'avez renvoyé, avec un supplément d'instruction, les pièces relatives à la demande formée par la commune de Garons, en autorisation d'acquérir
par voie d'expropriation deux parcelles de terrain appartenant aux sieurs François et Alexis Dijol pour servir à la construction d'une nouvelle église.

D'après l'examen du dossier, il serait pourvu au payement de
cette acquisition et des travaux de construction, dont le devis
s'élève à 40,000 francs au moyen 1° d'une somme de 12,000 fr.,
dont les demoiselles J. et A. C*** ont promis de faire régulièrement donation pour cet objet à la commune, après qu'elle aura
acquis l'emplacement de la nouvelle église ; 2° du produit, évalué à 6,659 francs, de la vente projetée de l'église actuelle et de
l'ancien cimetière ; 3° d'une somme de 8,000 francs provenant
d'une imposition extraordinaire en voie de recouvrement ;
4° d'une nouvelle imposition extraordinaire à autoriser. Enfin
la commune de Garons sollicite un secours du gouvernement
pour l'aider dans l'exécution de son projet.

Je vous ferai observer d'abord, monsieur le préfet, que l'on ne
peut considérer comme une ressource disponible, la somme de
12,000 francs dont les demoiselles C*** se proposent de faire
donation à la commune, puisque, suivant l'engagement sous-

crit par elles le 1er septembre 1850, le payement n'en pourra être exigé qu'après le décès de la dernière survivante des donatrices. D'un autre côté d'après la règle sur les affaires connexes, le décret à intervenir dans l'espèce devant statuer en même temps sur les voies et moyens d'exécution, vous auriez dû m'adresser, avec vos propositions, les pièces relatives à l'aliénation de l'église actuelle et de l'ancien cimetière, ainsi qu'à l'imposition extraordinaire.

Je vous engage, en ce qui concerne les pièces à fournir à l'appui de cette dernière partie du projet, à vous reporter à la circulaire du 28 juillet dernier qui en indique la nomenclature et qui sont toutes rigoureusement exigées par le conseil d'État.

Je remarque enfin que vous avez omis de joindre au dossier le procès-verbal d'expertise de la parcelle de terrain appartenant au sieur François Dijol, et de vous expliquer sur la suite dont vous paraîtrait susceptible la demande en subvention formée par la commune.

Je vous renvoie en conséquence le dossier de l'affaire pour vous mettre à même d'en compléter définitivement l'instruction conformément aux observations qui précèdent.

Recevez, etc.

Pour le ministre,

Le conseiller d'État chargé de la direction générale de l'administration intérieure,

Signé : FRÉMY.

ANNEXE N° 3

Extrait du registre des délibérations du Conseil municipal de Garons.

L'an 1854 et le 2 avril à deux heures de l'après-midi, le Conseil municipal de la commune de Garons s'est réuni dans la salle ordinaire de ses délibérations. M. le maire, présidant le conseil, a exposé que, vu la dépêche ministérielle du 25 mars dernier, le dossier des pièces relatives à la construction de notre nouvelle église venait d'être de nouveau renvoyé à cause d'un déficit de 10,000 francs, mais que ce déficit venait d'être immédiatement comblé par la noble et pieuse générosité de madame Baguet-Duverger, qui s'engage au nom et en mémoire de son fils Jules d'Osmond, qu'elle a eu la douleur de perdre, à venir au secours de la commune pour une somme de dix mille francs payables dès l'autorisation reçue, pour l'acquisition du terrain demandé. •

Alors le Conseil,

Vu le plan annexé de la nouvelle église,

Vu le devis y annnexé s'élevant au chiffre de quarante mille francs, ci 40,000

Vu le procès-verbal d'expertise des deux immeubles dont la déclaration d'utilité publique est demandée, s'élevant au chiffre rond de cinq mille soixante-six francs, ci 5,066

Vu l'engagement de madame Baguet-Duverger venant au secours de la commune pour une somme de dix mille francs, ci. 10,000

Vu la délibération du 26 juin 1853, par laquelle le Conseil municipal, corroboré des plus forts imposés, vote une somme de seize mille francs, payables par annuités de 2,000 francs pendant huit ans, ci. . . 16,000

Vu le certificat du receveur municipal, constatant une somme au Trésor disponible de sept mille cinq francs, ci. 7,005

Vu le budget de 1854 où figure une somme de deux mille francs, ayant même destination, ci. . . 2,000

Vu la souscription volontaire des prestations en nature, s'élevant au chiffre net de quatre mille neuf cent cinquante-sept francs, ci. 4,957

Vu le procès-verbal d'expertise de l'ancien cimetière et de l'église actuelle, dressé par M. R***, architecte, et dont le chiffre rond est de six mille six cent cinquante-neuf francs, ci. 6,659

Délibère :

Art. 1er. Le plan et le devis dressés par M. R***, architecte, sont de nouveau approuvés et maintenus.

Art. 2. Toutes les ressources susmentionnées, s'élevant au chiffre rond de quarante-six mille six cent vingt et un francs (46,621) sont affectées à la construction de la nouvelle église.

Et ont les membres présents signé.

Signé au registre : Auzéby, Fontanier, Trintignan, Raymond, Chabaud, Grelleau, Barriol, Defrèche, J. Dijol, maire.

ANNEXE N° 4

Monsieur le maire,

J'ai transmis à M. le ministre de l'intérieur la délibération, en date du 6 avril dernier, par laquelle le Conseil municipal de Garons demande pour la commune l'autorisation : 1° d'emprunter une somme de 16,000 francs pour l'achèvement de la construction de son église ; 2° de s'imposer extraordinairement pendant onze ans, à partir de 1857, trente-cinq centimes additionnels pour l'amortissement dudit emprunt.

Par sa dépêche en date du 19 décembre, Son Excellence m'informe qu'elle ne peut admettre les propositions du Conseil municipal, par la raison que l'imposition extraordinaire constituerait, à raison de sa durée et surtout de sa quotité excessive, une charge exorbitante pour les contribuables, qui, indépendamment des centimes spéciaux pour le service des chemins vicinaux, et de l'instruction primaire, et le salaire des gardes champêtres, sont déjà grevés d'environ trente centimes additionnels pour insuffisance de revenus. Une nouvelle imposition de trente-cinq centimes, ajoute M. le ministre, aurait pour effet presque inévitable d'épuiser la matière imposable, et par suite, de nuire à la rentrée des contributions publiques.

Dans ces circonstances, monsieur le maire, il importe que le Conseil municipal fasse des efforts pour recueillir de nouvelles souscriptions volontaires, de telle sorte que l'imposition puisse être ramenée dans la limite de vingt centimes.

Je vous renvoie en conséquence les pièces de l'affaire qui, en l'état, ne peut recevoir d'autre suite.

Recevez, etc...

Le préfet du Gard,
Signé DULIMBERT.

APPENDICE

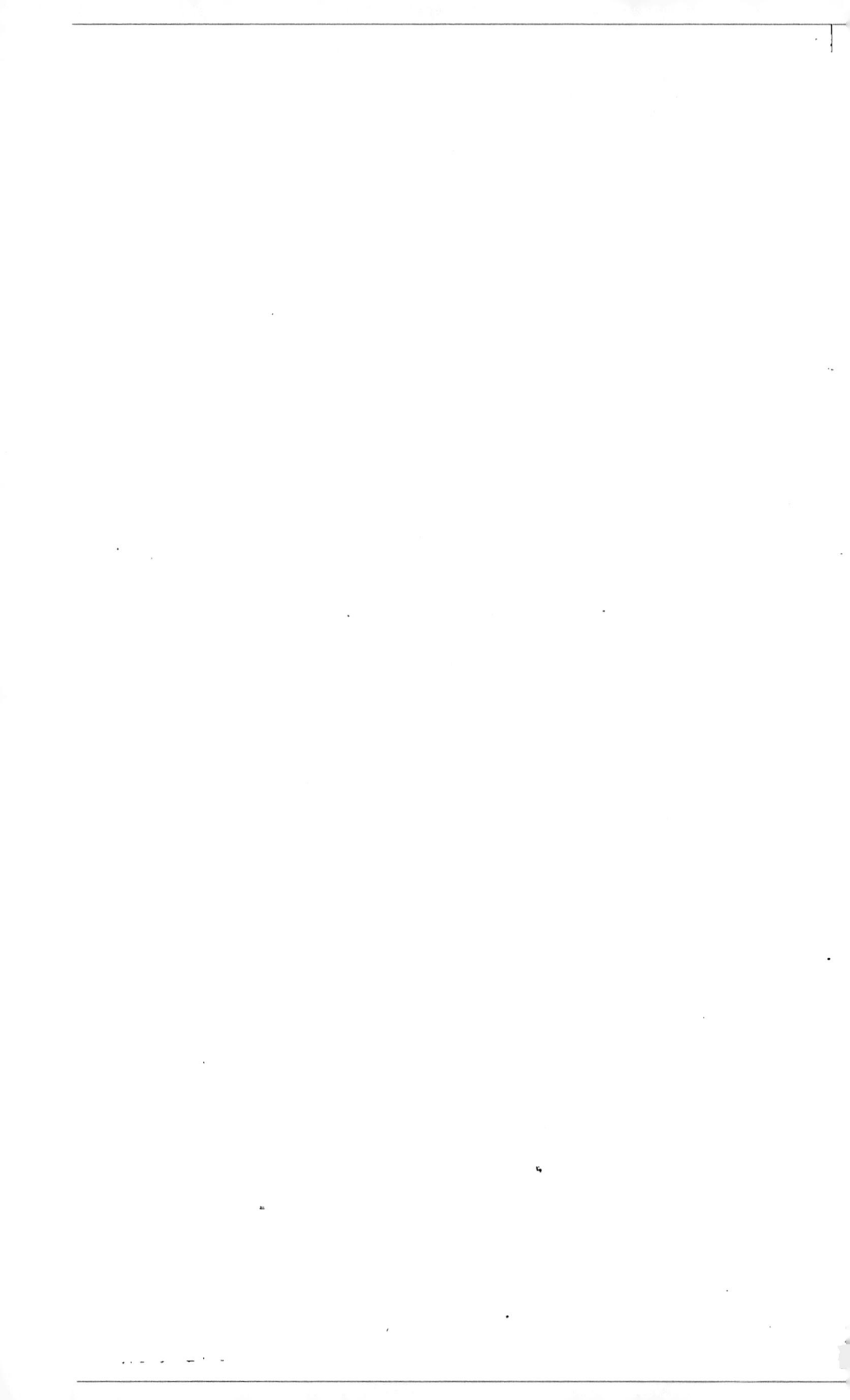

APPENDICE.

L'affaire de *l'église de* GARONS vient d'engendrer une nouvelle et très-grave difficulté.

M. le préfet du Gard crut devoir, par un arrêté spécial, rendu *le* 26 *avril* 1860, *autoriser* ou plutôt établir une contribution extraordinaire à percevoir *pendant l'exercice* 1860.

Soixante contribuables, — le CONSULTANT est du nombre, — contestent la légalité de cet impôt, et pour en obtenir décharge ils ont saisi le Conseil de préfecture de soixante réclamations individuelles les 20, 21 et 22 août dernier.

Ce nouveau litige, destiné peut-être à suivre tous les degrés de juridiction, soulève des questions qui paraissent au CONSULTANT mériter au plus haut degré l'attention des jurisconsultes et peut-être des publicistes.

Il importe avant tout que les actes administratifs qui les ont fait naître soient exactement relatés.

Dans les derniers jours de janvier 1859, une dépêche du préfet invita le maire de Garons à provoquer de la part de son Conseil municipal les dispositions nécessaires pour liquider l'entreprise de la construction de l'église, chose d'autant plus urgente, disait la dépêche, que la créance de l'adjudicataire sur la commune *produit intérêt ;* preuve nouvelle, — pour le dire en passant, — que le préfet avait attaché à son arrêté du 4 août 1858 le sens d'une condamnation.

Le 6 février suivant, le Conseil municipal délibéra que la liquidation, comprenant la dette envers l'entrepreneur, le prix du terrain restant dû et les frais accessoires, constituait la commune débitrice de 32,300 francs environ ; que, d'autre part, elle ne possédait d'autres ressources qu'un total d'environ 4,000 francs, non pas en caisse, mais à recouvrer pendant la durée de l'exercice courant, — encore le recouvrement en était-il chanceux en partie ; — qu'il ne savait donc pas comment s'y prendre pour payer la dette communale, à moins que la munificence du gouvernement et celle de M. le préfet lui-même ne vinssent en aide à la commune et très-largement.

Le 15 mars, nouvelle dépêche du préfet, dans laquelle ce magistrat, après avoir témoigné un vif mécontentement de la délibération du 6 février, s'exprime ainsi :

« Je suis disposé à insister énergiquement auprès du gouver-
» nement pour obtenir en faveur de la commune un secours
» aussi élevé que possible.

» Mais encore faut-il que la commune elle-même présente
» préalablement des propositions pour pourvoir à la plus grande
» partie de la dépense.

» Je vous invite formellement, monsieur le maire, à provoquer
» d'urgence ces propositions de la part du Conseil municipal
» que je vous autorise de convoquer extraordinairement pour
» cet objet spécial.

» Il n'est pas permis de compter sur un secours total de
» plus de 10,000 francs ; j'explique même que je ne puis avoir
» aucunement la certitude que ce chiffre sera atteint.

» Il convient donc que la combinaison à proposer par le Con-
» seil municipal soit assez largement établie pour prévenir
» tout nouveau mécompte. »

En conséquence le maire convoqua pour le 27 mars le Conseil municipal et un certain nombre de contribuables qualifiés par lui, bien ou mal, *les plus imposés*.

La réunion étant formée, un de ses membres, dès le début

de la séance, demanda que le maire exhibât la liste des plus
forts contribuables, dressée par le percepteur comme de cou-
tume, afin de vérifier si plusieurs que l'on voyait là avaient été
appelés à juste titre, ce qui paraissait fort douteux.

Le maire répondit qu'il n'avait pas fait dresser cette liste,
s'étant borné, pour faire les convocations, à consulter la ma-
trice cadastrale qu'il avait sous la main.

Le même membre, qui n'était autre que le CONSULTANT, in-
sista, rappelant que lorsqu'il s'était agi de délibérer sur l'affaire de l'emprunt, que personne ne devait avoir oubliée, le
maire s'était muni de la liste officielle des plus imposés. Il demanda aussi à connaître quels contribuables avaient été convoqués, quels étaient ceux qui ne s'étaient pas rendus, toutes
choses que le procès-verbal devait énoncer, afin qu'il pût être
vérifié par l'autorité supérieure si la composition de l'assemblée était régulière *quant au nombre et à la qualité des votants.*

On fit entendre clairement au soussigné que ses observations
étaient considérées comme de pures *chicanes,* qu'il venait
faire de l'opposition à l'autorité, mais que la majorité voulait
passer outre, quoi qu'on pût lui dire.

La discussion tournant à l'aigreur, six membres se retirè-
rent, déclarant qu'ils ne croyaient pas la réunion régulièrement
formée et qu'ils protestaient contre ce qui allait être résolu.

Il faut que l'on sache que deux partis existaient dans la
commune ;

L'un, composé du maire et de cette majorité du Conseil municipal à laquelle il avait su persuader qu'il fallait accepter
l'arrêté du 4 août 1858 et les condamnations qu'il prononce
ou implique contre la commune ;

L'autre, formé de ceux que ces condamnations avaient déso-
lés autant que surpris, qui auraient voulu qu'on en appelât,
qui ne pouvaient comprendre, mus tout à la fois par le sentiment de l'intérêt personnel et par un instinct de droiture,

qu'un contrat eût pu être impunément violé et que l'on fît payer par la commune les fautes monstrueuses de l'entrepreneur et de l'architecte.

Ce dernier parti formant la grande masse de la population, on entendait dire de toutes parts dans le pays que, l'année suivante étant celle du renouvellement des Conseils municipaux le scrutin de 1860 ferait justice de ceux qui avaient scandaleusement sacrifié l'intérêt communal.

Dans ces conjonctures, le maire trouva le secret de maintenir sa majorité dans la même voie et de la passionner, en lui disant que, tombée visiblement en minorité, elle n'en garderait pas moins le *pouvoir local* par l'appui de M. le préfet dans les élections prochaines ; mais que, pour s'assurer cet appui, il fallait à tout prix assurer l'exécution de son arrêté. — Il ne cessait d'ailleurs de répéter avec un aplomb qui ne s'est jamais démenti, qu'il ne fallait pas s'inquiéter de l'énormité de la dette communale, que non-seulement les 10,000 francs dont il était question dans la dépêche devaient être considérés comme acquis, mais que très-probablement le préfet en ferait accorder le double, et que le langage qui lui avait été tenu à la préfecture l'en avait convaincu, bien que les convenances n'eussent pas permis de l'écrire.

Voilà comment on sait, dans un village, faire de la stratégie parlementaire et manœuvrer une assemblée délibérante. Sur un plus grand théâtre, le maire de Garons serait devenu un personnage, surtout si un peu d'instruction se fût joint à son intelligence et à son adresse naturelles.

Que l'on excuse ces détails : le soussigné les a crus nécessaires pour faire comprendre comment, — lorsqu'il s'agissait d'impôts à établir pour exécuter une condamnation aussi onéreuse qu'injuste, et contre laquelle des recours étaient ouverts, — tous les contribuables ont pu n'être pas du même avis.

La situation est maintenant connue : poursuivons le récit des faits.

Les dissidents, sortis de l'assemblée du 27 mars, rédigèrent sur-le-champ une dépêche au préfet, pour lui rendre compte de ce qui venait de se passer, protester contre la réunion comme irrégulière et demander que la délibération prise fût annulée, sauf à en provoquer une autre. Ils annonçaient qu'une autre *dépêche ampliative* suivrait de près la première dressée trop précipitamment, et se réservaient d'ailleurs de combattre la délibération, au point de vue de son contenu, quand ils en connaîtraient la rédaction définitive.

Le lendemain, cette dépêche était déposée à la préfecture et, quatre jours après, y fut aussi expédiée la *dépêche ampliative* annoncée sous la date du 1ᵉʳ avril. Dans celle-ci on signalait particulièrement, entre autres vices, que mal à propos les nommés *Pierre* Dorthe et *Jean* Bremond avaient été appelés à l'assemblée du 27 mars, en disant que la participation de ces deux *prétendus* plus imposés au vote avait été un scandale.

Ainsi, par les deux dépêches des 27 mars et 1ᵉʳ avril, le préfet se trouva saisi d'une demande formulée avec précision et tendante à ce que la délibération prise le 27 mars fût annulée comme vicieuse en la forme, et qu'il n'y fût donné aucune suite.

Sachons maintenant ce qu'avait fait la majorité restée maîtresse du terrain et unanime.

C'est d'autant plus intéressant à savoir que sa délibération servira de base, treize mois plus tard, à l'arrêté pris par le préfet pour établir l'impôt contre lequel luttent en ce moment soixante contribuables.

Cette délibération, telle qu'on la coucha au registre tardivement et peut-être un peu différente de ce qui avait été réellement décidé le 27 mars, énonce :

Que la dette grevant la commune, liquidée au 31 décembre 1859, sera de 33,146 francs;

Qu'à la même époque la commune possédera des ressources atteignant 9,066 francs, *y compris* 5,000 *francs valeur présumée de sa vieille église*; que par là son *découvert* sera réduit à 24,080 francs;

Et que, pour éteindre ce découvert, on s'y prendra ainsi :

1° La commune supplie le gouvernement de lui accorder un secours de 10,000 francs.

2° Les 14,000 francs restants seront par elle empruntés.

3° Pour l'amortissement de cet emprunt et le service des intérêts il sera établi, *pendant* DIX-SEPT *ans*, une imposition extraordinaire de 1,150 francs (onze cent cinquante) par an, soit 20 centimes pour 1 franc.

4° L'arrêté du 7 septembre 1854, qui avait autorisé la contribution annuelle de 2,000 francs, sera rapporté par M. le préfet.

5° L'ancienne église sera aliénée, mais seulement quand la nouvelle pourra être livrée au culte.

Telle est, fidèlement analysée, la délibération du 27 mars 1859.

Mais ce document a trop d'importance pour qu'une simple analyse en soit suffisante. On le trouvera transcrit en entier aux *annexes* n° 1, avec ses bizarreries de rédaction, ses incorrections de texte et de chiffres qu'il ne faudra attribuer ni au soussigné, ni au typographe.

La délibération transmise au préfet fut agréée, ou parut susceptible de l'être *quant au fond* des résolutions prises.

En effet, se conformant au vœu exprimé, ce magistrat rendit le 21 avril un arrêté rapportant celui du 7 septembre 1854, de quoi il voulut bien informer le CONSULTANT par sa dépêche du 16 mai (*suprà* p. 47).

Et le 26 du même mois il adressa au maire l'importante dépêche que l'on va résumer en substance.

Le préfet analyse d'abord le plan financier adopté par l'assemblée ; puis il déclare :

Que la demande d'un secours de 10,000 francs sera par lui appuyée, bien que ce chiffre soit très-élevé, à cause des circonstances exceptionnelles de l'affaire ;

Qu'il appuiera aussi le projet d'emprunt et l'imposition extraordinaire nécessaire pour l'amortir ;

Mais qu'à l'égard de cet amortissement, il a été fait une erreur de calcul, en ce que ce n'est pas en 17 ans, mais en 19, à raison de 1,150 francs par an, que le remboursement pourra être fait, ce qu'un tableau de chiffres joint à la dépêche justifie ;

Que la délibération pèche encore en ce que deux membres appelés *comme suppléants* n'auraient pas dû l'être (ce qui s'applique à *Pierre* DORTHE et *Jean* BRÉMOND, les deux *faux* PLUS IMPOSÉS signalés plus h aut) ;

Qu'il importe donc que, dans une autre assenı.l lée plus régulière, une nouvelle délibération soit prise et que l'erreur de calcul y soit évitée ;

Qu'il ne faut pas appeler à cette autre assemblée un membre de la commission de l'hospice qui avait été convoqué à celle du 27 mars.

En terminant, le préfet, en vertu du dernier § de l'article 16 de la loi du 5 mai 1855, autorise le maire à convoquer, vu l'urgence, l'assemblée nouvelle pour le jeudi 5 mai.

Le maire la convoqua, on ne sait pourquoi, pour le 6, par lettres individuelles datées du 2 et qui furent distribuées le 3.

Évidemment, en écrivant cette dépêche et traçant ces mesures à prendre, le préfet annulait la délibération du 27 mars, il faisait droit à la protestation dont les dissidents l'avaient saisi, bien qu'il eût jugé superflu de les en informer, parce que tous devaient participer à la délibération nouvelle.

Pas un d'eux en effet n'y manqua.

Le CONSULTANT y assistait, ayant cessé de faire partie du Conseil municipal par démission, mais appartenant à la catégorie des plus imposés.

Lecture ayant été donnée, pour ouvrir la séance, de la dépêche du 26 avril, il eut soin d'en retenir note, bien qu'il fût loin de soupçonner alors de quelle importance pourrait être un jour la teneur de ce document.

Chose étrange! cette réunion du 6 mai tenue pour corriger les vices de l'autre, se trouva plus défectueuse encore.

Au point de vue de sa *composition*, elle fut irrégulière tout autant que la précédente, et le fut beaucoup plus au point de vue de la *convocation*.

En effet, l'article 16 de la loi du 5 mai 1855 qui, par sa disposition finale, permet au préfet d'abréger les délais déterminés pour la convocation du Conseil municipal, s'applique exclusivement aux réunions soit ordinaires, soit extraordinaires de ce Conseil, quand il fonctionne seul. Mais s'agit-il du cas où les plus imposés doivent s'y adjoindre, parce qu'il est question de grever la propriété d'une charge extraordinaire ? En ce cas, la loi du 18 juillet 1837 prescrit, par son article 42, que ces contribuables, appelés à défendre tant leur intérêt propre que celui de la masse, soient avertis *dix jours* AU MOINS avant celui de la réunion, afin de multiplier les chances que l'avertissement leur parvienne et de leur laisser d'ailleurs toute latitude pour aviser, se consulter, se concerter : ni la lettre ni l'esprit de cette loi ne permettent que ce délai soit raccourci sous prétexte ou pour cause d'urgence.

Du reste, dans l'espèce, l'erreur du préfet avait été considérablement aggravée par le maire, qui, possesseur dès le 27 avril au plus tard de la dépêche du 26, avait attendu le 2 mai pour dresser et signer ses lettres de convocation, et le 3 pour les faire distribuer : procédé dérisoire, quand, parmi les plus imposés, il y avait cinq propriétaires *forains*, dont l'un notamment réside à Paris.

Du reste, pas plus le 6 mai que le 27 mars, le maire ne s'é-tait muni de la *liste des plus imposés*, et le CONSULTANT demanda vainement à la voir, si bien que, quelques jours plus tard, il alla prier le percepteur de le laisser confectionner lui-même cette liste en parcourant le rôle sous ses yeux. Il y porta 35 noms de contribuables rangés par ordre de cotes décroissantes (ANNEXE n° 2). On y voit au n° 20 M. *Etienne* BAUTIAS, qui avait été convoqué justement à l'assemblée du 27 mars, mais qui ne le fut pas à celle du 6 mai, omission qui constitue une faute, puisque le contribuable qui vient immédiatement après lui, M. *Etienne* FONTANIER, payant 5 francs de moins d'impôts, a pris part aux deux délibérations et les a signées. Celui-ci est le *secrétaire de la mairie.*

L'assemblée du 6 mai ne fit rien de plus que corriger l'er-reur de calcul signalée par le préfet, en décidant que la durée du remboursement de L'EMPRUNT serait de 19 ans et non de 17 ; après quoi elle déclara en bloc que toutes les autres dispositions de la délibération du 27 mars étaient maintenues (ANNEXE n° 3).

Cela fait, *les plus imposés* étrangers au Conseil municipal furent congédiés et le Conseil municipal resta en séance. On saura tout à l'heure pourquoi.

Dans la même journée du 6 mai, le CONSULTANT, se fondant sur l'article 22 de la loi du 5 mai 1855, demanda par écrit au maire qu'il lui fût permis de prendre lecture et copie de la dé-libération du 27 mars, ainsi que de celle du 6 mai, quand celle-ci serait couchée.

Il éprouva un refus catégorique. Pour vaincre la résistance obstinée de ce fonctionnaire, il ne fallut rien moins, après plus d'un mois et cinq ou six dépêches échangées, que deux ordres écrits de **M**. le préfet, dont le dernier fut communiqué au sous-signé dans une dépêche spéciale du 9 juin.

Le registre étant enfin mis sous ses yeux, il lut et copia les deux délibérations relatives au *projet d'emprunt*.

En même temps et à leur suite il en trouva d'autres couchées et apprit de cette manière que le Conseil municipal, resté seul le 6 mai après la retraite des *plus imposés*, avait ouvert et clos sa session ordinaire en prenant les cinq ou six délibérations accoutumées, deux notamment que le soussigné fut étonné d'y rencontrer : — l'une, adoptant le projet de budget pour l'exercice 1860 ; — l'autre, demandant que la commune, pour mettre de niveau la recette avec la dépense, fût autorisée à s'imposer extraordinairement. Il s'étonna que ces deux délibérations, contenant l'une et l'autre un vote d'impositions extraordinaires, eussent été prises sans le concours *des plus imposés présents ou appelés ad hoc ;* et dé plus, que par une contradiction singulière, on eût porté au budget de 1860 pour *l'article* ÉGLISE 2,000 francs en vertu de l'arrêté de 1854, oubliant que l'on avait demandé et obtenu du préfet le rapport de cet arrêté, tandis que dans la délibération complémentaire, on demandait que la commune fût autorisée à s'imposer spécialement pour 1860 et pour ce même *article* ÉGLISE à concurrence de 1,150 francs, devenus en effet le seul chiffre admissible d'après la délibération du 27 mars, confirmée le 6 mai.

Ce n'étaient là sans doute que des inadvertances de la part de l'administration locale.

En cet état, quatre délibérations furent donc transmises au préfet, et ce magistrat eut à se prononcer sur la suite qui devait y être donnée : nous disons *quatre* en comptant celle du 27 mars, bien que le préfet, en ordonnant qu'elle fût remplacée par une autre, l'eût mise de côté, parce que l'on s'était borné le 6 mai à corriger l'erreur de calcul en maintenant par paresse tout le surplus. Cela faisait donc deux délibérations distinctes quant à la forme, bien que confondues l'une dans l'autre quant au fond des résolutions prises ; et il y avait de plus le projet de budget adopté, plus enfin la délibération qui en formait le complément.

Sur tout cela, à quelle résolution s'arrêtera le préfet ?

On va le savoir tout à l'heure ; mais il convient de dire auparavant ce que fit la minorité dissidente, intervenant, pour déterminer cette résolution ou tout au moins pour l'essayer.

Quoique le préfet, nanti de quatre délibérations, notamment de celle du 27 mars, eût écrit le 16 mai qu'il avait rapporté son arrêté de 1854, parce que *l'adoption des propositions nouvelles du Conseil municipal rendrait cet arrêté désormais sans objet*, le CONSULTANT et ses amis ne crurent pas pour cela que les *propositions nouvelles* fussent définitivement adoptées, et pour l'empêcher, s'il était possible, ils résolurent de les combattre énergiquement dans un travail d'ensemble qui développerait, en les complétant, les critiques en la forme déjà produites en partie, et qui discuterait d'ailleurs la valeur intrinsèque des résolutions proposées.

A cet effet, un Mémoire fut rédigé, clôturé et daté le 25 juillet et adressé par *duplicata* tant à M. le ministre de l'intérieur qu'à M. le préfet.

Pourquoi au ministre ?

Parce que les propositions municipales aboutissant en définitive à un *projet d'*EMPRUNT communal auquel tout le reste se reliait, et cet emprunt ne pouvant être autorisé que par un *décret impérial rendu dans la forme des règlements d'administration publique*, c'est au ministre seul qu'il appartenait d'apprécier ces résolutions pour y donner suite, s'il le jugeait à propos.

Pourquoi au préfet ?

Parce qu'il lui appartenait d'apprécier, tout le premier, ces

6

propositions et de voir s'il lui conviendrait, après les avoir mûrement examinées, de les faire parvenir au ministre en les appuyant, comme il en avait, un peu prématurément peut-être, annoncé l'intention dans sa dépêche du 26 avril.

Donc, le Mémoire du 25 juillet, adressé à la préfecture et au ministère, critiquait *en la forme* et *au fond* les délibérations municipales, concluant à ce qu'elles fussent annulées et rejetées.

En la forme, il établissait que, par les raisons déjà déduites, l'assemblée du 27 mars n'avait pas été régulièrement composée ; que celle du 6 mai ne l'avait pas été non plus et que, par surcroît, les délais absolument nécessaires *par rapport aux plus imposés* n'avaient pas été observés, vice très-substantiel.

Il signalait de plus pour la première fois une autre irrégularité fort grave, consistant en ce que M. *François* DIJOL avait participé à ces deux délibérations.

M. *François* DIJOL est celui qui a vendu partie de l'emplacement de l'église par un contrat du 31 décembre 1855, qu'un arrêté préfectoral a ratifié le 8 avril 1859 ; — par suite, il est créancier de la commune, déclaré tel dans les délibérations ; sa créance y figure pour 4,071 francs, y compris trois ans d'intérêts échus le 31 décembre 1858, outre l'année courante (1859), au terme de laquelle elle serait de 4,248 francs. Eh bien, M. *François* DIJOL, appelé comme un des plus imposés, a délibéré, voté, signé les mesures prises pour liquider et solder.... sa propre créance !

Il aurait pu s'en abstenir sans courir aucun risque. N'était-ce pas assez, pour le tranquilliser, qu'il eût dans l'assemblée *son gendre* M. AUZÉBY, son *beau-frère* M. *Pierre* BAUTIAS, *son cousin* M. *Achille* DIJOL, et par-dessus tout son *frère*, le MAIRE, M. *Jean* DIJOL !...

Après *la forme*, le Mémoire du 25 juillet, abordant *le fond*, montrait sans peine que les résolutions prises le **27** mars et confirmées le 6 mai étaient dépourvues de raison.

Quoi de plus déraisonnable qu'un plan financier dans lequel on commence par regarder comme *ressources acquises :* 1° 5,000 francs, produit présumé de l'aliénation de l'église existante, qui sera *un jour* mise en vente sans que nul ose prophétiser à quelle époque, ni quel prix en sera retiré ; 2° 10,000 francs demandés au gouvernement, lorsque depuis six ans — il faut dire aujourd'hui depuis plus de sept ans — la demande d'un secours quelconque a été formée et n'aboutit pas !... Et pourtant l'assemblée municipale tient ces 15,000 francs pour réalisés, pour valeur en caisse au 31 décembre 1859 : à partir de ce jour, elle ne fait plus état ni du capital ni des intérêts, réduit résolûment à 14,000 francs le découvert et décide ensuite que la commune s'en acquittera.... comment ? par un emprunt de 14,000 francs !...

Quoi de plus déraisonnable que d'emprunter à Pierre pour payer à Paul une somme égale, et quel peut être l'avantage d'un tel procédé, si ce n'est d'ajouter à la dette les frais de cette novation ?...

Pourtant cela n'est pas, — réflexion faite — aussi ridicule qu'on pourrait le croire. Rien de moins justifiable, il est vrai, que le *projet* d'un EMPRUNT, si l'on se place au point de vue de l'intérêt de la commune.

Mais au point de vue de l'intérêt de ses créanciers, c'est tout différent. Quoi de plus avantageux pour eux que d'être remboursés tout de suite !

Or on n'a pas oublié qu'il y avait dans l'assemblée M. *François* DIJOL, et avec lui son *gendre*, son *beau-frère*, son *cousin*, et son *frère* le MAIRE, en tout cinq votants, M. *François* DIJOL, créancier de 4,248 francs, qui, par mille raisons, désirait ardemment les recevoir et en finir avec la commune.

Ayant ainsi combattu à un double point de vue, dans son Mémoire du 26 juillet, la délibération du 27 mars maintenue le 6 mai, le CONSULTANT n'oublia pas qu'il existait, sous la même date du 6 mai, une délibération distincte et spéciale par laquelle le Conseil municipal demandait que la commune fût imposée de 1,150 francs pour servir à l'église : il crut devoir combattre pareillement celle-ci, par une dépêche spéciale adressée, ainsi que le Mémoire et sous la même date, tant au préfet qu'au ministre, se bornant à faire observer que cette délibération prise par le Conseil municipal sans que les plus forts contribuables eussent été ni présents ni appelés, était nulle de droit.

Quant à l'inscription dans le projet du budget de 1860 d'une allocation de 2,000 francs afférente à l'église, en vertu de l'arrêté du 7 septembre 1854, le CONSULTANT ne crut pas devoir s'en occuper, ne voyant là qu'un *lapsus calami* et pensant d'ailleurs que le préfet n'oublierait pas, si le Conseil municipal l'avait oublié, que l'arrêté de 1854 n'existait plus.

Ce fut par le développement de ces divers *moyens* que le CONSULTANT et ses amis plaidèrent la cause des contribuables soit devant le ministre, soit devant le préfet, pour obtenir le rejet de toutes les propositions municipales.

Cette tâche remplie, ils attendirent qu'une décision fût rendue par qui de droit.

Aucune communication ne leur parvint, ni du ministère, ni de la préfecture.

Mais ils n'en avaient pas moins gagné leur cause.

En effet, vers la fin de novembre 1859, fut renvoyée à Garons la minute du budget de 1860, destinée à prendre place dans les archives communales, budget que M. le préfet avait revêtu de son approbation le 15 dudit mois de novembre, mais après en avoir retranché l'allocation proposée de 2,000 francs, sans y substituer celle de 1,150, ni aucune autre ayant trait à l'église, — ce qui ne pouvait pas ne pas être une décision rendue par le préfet, et rendue en pleine connaissance de cause, sur les réclamations géminées dont le CONSULTANT avait saisi ce magistrat à l'encontre de l'ensemble des propositions municipales.

Les *centimes additionnels* relatifs à l'église ayant disparu du budget communal devaient disparaître du rôle des contributions, et bientôt après, en janvier 1860, les avertissements distribués portèrent à la connaissance de toute la population cet heureux résultat, en montrant à chaque contribuable sa cote notablement réduite par rapport au chiffre de celle qu'il avait subie depuis six ans : charge bien lourde, mais supportée avec résignation tant qu'on avait vu l'entrepreneur et l'architecte travaillant à l'église nouvelle, et qu'on les avait crus tenus de l'achever; charge insupportable et désespérante, depuis qu'ils avaient eu l'insigne bonheur, en laissant l'œuvre interrompue, l'un d'obtenir contre la commune une forte condamnation, l'autre de s'exonérer de la responsabilité de ses fautes.

Les contribuables pensaient jouir en paix de ce soulagement et respirer au moins toute une année.

Ils se trompaient, et ce n'est pas ainsi que l'entendit M. le préfet du Gard.

Au mois de mai dernier, le Conseil municipal tenant sa session financière, l'erreur de l'an passé fut évitée, les *plus imposés* étaient appelés.

Un arrêté que le préfet venait de rendre était sur le bureau, le maire en donna communication, et le CONSULTANT en prit aussitôt lecture et copie. Voici ce document transcrit en entier.

Nîmes, le 26 avril 1860.

Le préfet du Gard,

Vu la délibération prise *le 27 mars 1859* par le Conseil municipal de Garons, avec l'adjonction des plus imposés, à l'effet d'obtenir que la commune soit *autorisée à s'imposer extraordinairement pendant dix-sept ans* (1860 à 1876) *vingt centimes additionnels devant produire annuellement la somme de onze cent soixante francs* (1,160 fr.) *pour la construction de l'église ;*

Vu à l'appui les pièces prescrites par la circulaire préfectorale du 15 mars 1843;

Vu la loi du 18 juillet 1837 ;

Considérant qu'il s'agit d'une dépense obligatoire ,

Arrête :

Art. 1er. La commune de Garons est autorisée à s'imposer extraordinairement *pendant l'année* 1860 vingt centimes additionnels au principal de ses quatre contibutions directes devant produire annuellement la somme de *onze cent soixante* francs (1,160 fr.).

Cette somme sera affectée *à amortir la dette contractée pour la construction d'une église.*

Art. 2. Expédition du présent arrêté sera adressée à M. le maire de la commune et à M. le directeur des contributions directes, chargés, chacun en ce qui le concerne, d'en assurer l'exécution.

Le préfet du Gard, *Signé* baron Dulimbert.

Obéissant à cet arrêté, M. le directeur des contributions diectes dressa un rôle de répartition de la somme de 1,160 francs, grossie des frais de confection du rôle lui-même ; et des avertissements distribués dans la première quinzaine de juin firent connaître à chaque contribuable la surtaxe inattendue dont il était grevé, surtaxe dont les six premiers douzièmes se trouvaient rétroactivement exigibles.

Aussitôt fut mise à l'étude la question de savoir si cet impôt supplémentaire était dû.

Quand notre conviction se fut formée dans le sens de la négative, le CONSULTANT et cinquante-neuf autres contribuables, avant l'expiration du délai de trois mois à partir de la publication du rôle, ont saisi le Conseil de préfecture du Gard d'une demande tendante à ce qu'il leur soit accordé décharge de cette nouvelle cote, après avoir pris toutefois la précaution, *excessive peut-être*, de l'acquitter, pour joindre la quittance à leur réclamation.

Rien encore ne nous a fait connaître aujourd'hui (fin de septembre 1860) que le Conseil de préfecture ait statué (1).

Dans ces conjonctures, le CONSULTANT renouvelle son appel aux lumières et à la bienveillance du barreau de Paris. Il prie ses honorables et savants confrères de vouloir bien, aux solutions qu'il leur a déjà demandées, ajouter celle des questions que fait naître l'arrêté préfectoral ci-dessus transcrit.

Il sollicite leur avis avec d'autant plus d'instance et d'anxiété qu'il sent peser sur lui une certaine responsabilité morale, pour avoir donné un exemple que cinquante-neuf contribuables ont suivi, sans que, cette fois, il les en ait dissuadés.

C'est pour cela, et dans l'espoir, aussi, d'abréger peut-être la tâche de ceux dont il demande l'opinion, qu'il croit pouvoir déduire les motifs par lesquels la sienne s'est formée. Car il était obligé, par devoir, de s'en former une, et de se donner à lui-même une consultation aussi sérieusement étudiée qu'il dépendrait de lui, avant de prendre une résolution qu'il savait devoir être imitée par tant d'autres.

Parmi les questions à résoudre, la première qui lui parut devoir être examinée fut celle-ci :

PREMIÈRE QUESTION.

Les lois de la matière permettent-elles qu'une contribution communale extraordinaire soit autorisée en plein milieu d'un

(1) Le conseil de préfecture *avait statué le* 28 *septembre :* M. le Directeur des Contributions directes vient d'en informer les soixante réclamants par lettres d'avis, *datées du* 27 *novembre,* que le garde champêtre a distribuées plusieurs jours après dans le village. La décision rejette nos réclamations. (*Voy. le Post-Scriptum.*) (*Note du 8 décembre* 1860).

G.

exercice *pour être mise en recouvrement immédiat postérieurement à l'émission des rôles généraux et de leurs avertissements conformes, partant, en vertu d'un rôle supplémentaire spécial ?*

Cette question se posa pour ainsi dire d'elle-même dans la pensée des contribuables, sous le coup de la douloureuse impression produite par la distribution faite *à une époque si insolite* des avertissements nouveaux qui leur dénonçaient une surtaxe *si imprévue.*

Un décret de l'empereur Napoléon Ier, rendu le 28 août 1810 au rapport du ministre des finances, et le conseil d'État entendu, porte ce qui suit :

« Art. 1er. Tous les projets de décret qui nous seront pré-
» sentés en autorisation de centimes additionnels aux contri-
» butions directes devront l'être *avant le 1er juillet de l'année*
» *qui précédera celle qui aura été fixée pour leur perception.*
» Ces centimes seront alors COMPRIS DANS LES RÔLES DE LADITE
» ANNÉE ET PERÇUS CONJOINTEMENT AU PRINCIPAL DES CONTRIBU-
» TIONS.

» Les centimes dont l'autorisation ne serait pas demandée
» avant le 1er juillet *ne pourront être* COMPRIS QUE DANS LES
» RÔLES DE LA DEUXIÈME ANNÉE qui suivra l'autorisation.

» Art. 2. Nos ministres des finances et de l'intérieur sont
» chargés de l'exécution du présent décret. »

Il importe d'abord de remarquer que ce décret, en statuant sur *les centimes additionnels susceptibles d'être autorisés par un décret impérial,* avait *essentiellement* en vue les impositions affectées aux *dépenses communales extraordinaires;* peut-être même *uniquement,* car il ne paraît pas qu'alors, pas plus qu'aujourd'hui, il existât des *centimes départementaux,* par exemple, susceptibles d'être autorisés autrement que par une loi, en outre de ceux que les conseils généraux votent souverainement.

Or le décret ordonne que les centimes additionnels, POUR

ÊTRE PERÇUS CONJOINTEMENT AVEC LE PRINCIPAL DES CONTRIBUTIONS, seront *compris dans les rôles ordinaires* ou de la PREMIÈRE ou de la SECONDE année *que suivront celle de l'autorisation accordée.*

Rien de plus explicite et de plus net : et de là découlent deux règles qui, si l'on y regarde avec attention, diffèrent d'importance : l'une fondamentale et absolue, l'autre secondaire et qui, par conséquent, devait être moins inflexible.

Toujours et nécessairement, *les centimes additionnels doivent être perçus conjointement avec le principal,* et pour cela, *compris dans le rôle ordinaire;* c'est la règle fondamentale : elle réprouve toute confection d'un rôle *supplémentaire spécial.*

Mais ce sera dans le rôle ordinaire de la *première* ou de la *seconde* année après celle durant laquelle le projet est adressé au gouvernement, suivant que ce projet lui sera parvenu avant ou après le 1er juillet; c'est la prescription secondaire : — secondaire, en ce sens qu'on ne voit pas trop quel empêchement il y aurait à ce que l'imposition fût comprise *dans le rôle de la première* année, si le gouvernement consent, malgré l'envoi postérieur au 1er juillet, à rendre son décret assez vite pour que la confection de ce rôle ne soit pas retardée ; — mais prescription absolue, tout autant que l'autre, en ce sens qu'elle exclut toute possibilité que les centimes additionnels dûment autorisés soient mis en recouvrement durant une année qui ne serait ni la *première* ni la *seconde*, qui serait celle-là même durant laquelle l'autorisation intervient.

En regard de ces règles, un arrêté préfectoral autorisant, le 26 avril 1860, une imposition pour 1860, imposition à percevoir en vertu d'un rôle supplémentaire dressé le mois suivant, et mis en recouvrement tout de suite avec effet rétroactif par rapport aux mois déjà passés de cet exercice, ne peut être qualifié que *monstruosité financière.*

Mais le décret de 1810 est-il en vigueur? Voilà ce qu'il faut

rechercher, et se demander, auparavant, quelle en fut, dès l'o-
rigine, l'autorité.

Qu'il ait été rendu dans la sphère des attributions les plus
légitimes du pouvoir exécutif, de celles qui lui ont été reconnues en tout temps et sous tous les régimes, c'est une vérité
qui, selon nous, n'est pas contestable.

Il eut pour objet d'établir un mode particulier d'*exécution
des lois de finances* en ce qui concerne les impôts de localité.

Il régla ce détail, laissé en dehors de la loi générale, en un
sens conforme à son esprit, équitable, humain, doublement
sympathique pour les contribuables, en ce qu'il leur épargne les
frais de confection d'un rôle spécial, et qu'il éloigne l'époque
de l'exigibilité de la taxe.

Toute objection et tout scrupule de *constitutionnalité* seraient
donc déplacés.

Voici d'ailleurs une observation qui paraît tranchante.

Comment douter que l'Empereur eût très-constitutionnelle-
ment le pouvoir de faire un *règlement d'administration publique*
s'appliquant à une catégorie d'impôts dont un *décret* autorisait
légalement la perception.

Donc le décret de 1810, aussitôt rendu, eut force obligatoire.

Sans doute, il pouvait être abrogé par un acte de la même
nature émané de l'un des pouvoirs qui ont succédé à celui de
1810, et à plus forte raison, par une loi.

L'a-t-il été ? voilà la question.

Où sont la loi, l'ordonnance, le décret qui auraient révoqué
le décret de 1810 ?

Le soussigné n'a pas su les trouver, s'ils existent.

Il a trouvé au contraire une série d'instructions ministérielles
qui rappellent, maintiennent, rajeunissent les principes du décret : *ministère des finances*, 6 août 1824, 17 juin 1825,

20 décembre 1828 ; *ministère de l'intérieur*, 18 juillet 1818, 18 avril 1824, 2 août 1835, 27 mars 1837.

La dernière est la plus remarquable de toutes.

Un relâchement s'était introduit dans l'observation de la règle que tout à l'heure nous avons appelée *secondaire*. Le ministre de l'intérieur avait souvent fait ordonnancer des projets d'impositions communales transmis par les préfets après le 1er juillet, de telle manière qu'elles pussent être comprises dans les rôles généraux de l'*année suivante*, si l'on en retardait un peu la confection, et les agents chargés de cette confection la retardaient effectivement pour attendre que les ordonnances leur fussent remises.

Ces retards, nuisant à la régularité du service, provoquaient les plaintes du ministre des finances.

C'est pourquoi celui de l'intérieur déclarait le 27 mars 1837 à MM. les préfets qu'il fallait revenir à l'observation entière du décret de 1810, et que, pour son compte, à l'égard de tout projet d'impôt communal qui ne lui serait pas transmis *au plus tard* le 30 *juin*, il ne provoquerait l'ordonnance d'autorisation que dans le cours de l'*année suivante*, ce qui forcerait bien de renvoyer la perception à la *seconde* année, quelque urgente que fût la dépense à laquelle cette imposition devait pourvoir.

Tout cela, loin d'ébranler la règle *fondamentale* d'après laquelle *les impositions communales doivent êtres comprises dans les rôles ordinaires pour être perçues conjointement avec le principal*, en consacre au contraire l'immutabilité, puisque sans cela la circulaire ministérielle serait un non-sens, et démontre de plus, que jamais cette règle n'a été méconnue, puisque c'était précisément pour comprendre les impositions communales dans les rôles ordinaires que les agents retardaient souvent mal à propos la confection de ces rôles.

Quelqu'un s'aviserait-il de supposer, parce que, depuis le

27 mars 1837, la loi du 18 juillet même année conféra aux préfets
le pouvoir, qu'ils n'avaient pas auparavant, d'autoriser les centimes additionnels communaux se rapportant aux *dépenses
extraordinaires* OBLIGATOIRES, que la règle de 1810, qui sub-
siste pour celles qu'un décret de l'Empereur peut seul autoriser, ne doive plus régir celles qui sont susceptibles de l'être
par un arrêté du préfet?

Une distinction aussi peu raisonnable n'aurait pas besoin
d'être réfutée.

Le directeur des contributions directes, ayant un avis à
émettre sur notre demande en décharge, nous a fait une autre objection.

Il nous a dit que la loi du 11 juin 1859 qui règle le budget
de 1860, par sa disposition finale inscrite au tableau B, range
au nombre des perceptions autorisées pour cet exercice *des
centimes pour frais de confection de rôles spéciaux d'impositions
extraordinaires*, et que c'est là ce qui l'avait autorisé à faire
dresser un rôle spécial en vertu de l'arrêté du préfet, — sans
se préoccuper d'ailleurs de la question de savoir si cet arrêté
avait été ou non légalement rendu, laquelle échappait à sa
compétence.

Le soussigné a répondu sur le premier point :

Que l'observation de M. le directeur ne paraissait nullement
concluante ; que la disposition du budget par lui invoquée légitime la perception *des frais de confection d'un rôle spécial pour*
1860 dans tous les cas où un tel rôle a pu être régulièrement
fait, ce qui ne fait pas connaître dans quels cas et pour quel
genre d'impositions extraordinaires un *rôle spécial* peut être
dressé ; que si, par exemple, une imposition, soit départementale, soit communale, était autorisée par une loi qui déclarerait,
en l'autorisant, que la perception en pourra être immédiatement faite en plein milieu d'un exercice, cela sans doute serait
régulier ; mais que la disposition générale et vague introduite

dans la loi de finances, au tableau B, depuis une dizaine d'années, ne saurait avoir pour effet de détruire l'autorité du décret de 1810 en matière de centimes additionnels communaux.

Le soussigné a répondu sur le second point :

Qu'à son avis, M. le directeur avait tort de se croire dispensé de vérifier si l'arrêté préfectoral était ou non légalement rendu, et qu'il en serait convaincu, s'il voulait bien lire avec attention l'article 25 de cette même loi du 11 juin 1859 dont il venait de se prévaloir.

Le soussigné, étendant ses investigations aussi loin que la chose lui était possible pour découvrir une loi ou un règlement d'où résulterait l'abrogation, soit explicite, soit implicite, mais nécessaire, du décret de 1810, a fini par consulter l'*instruction générale* approuvée le 20 juin 1859 par M. le ministre des finances, et dont *un extrait annoté*, publié par M. JULES PETETIN, sous les auspices de l'administration elle-même, *pour l'usage des percepteurs et des receveurs de communes*, se rencontre chez tous ces fonctionnaires.

Il a trouvé dans ce volume, à la page 22, n° 51, le passage suivant :

Toutes les impositions départementales ou communales doivent être comprises dans les rôles primitifs. Lorsqu'une imposition N'A PU *être autorisée avant la confection des rôles primitifs de l'année pour laquelle cette imposition a été votée, l'imposition est ajournée à l'année suivante,* A MOINS D'UNE NÉCESSITÉ ABSOLUE, AUQUEL CAS *ces impositions sont l'objet de* ROLES SPÉCIAUX.

En marge sont indiquées par leur date nombre de circulaires ministérielles, dont la plus récente remonte à plus de vingt ans; et, à la note, on lit :

V. le décret du 28 août 1810, et la circulaire du ministre de l'intérieur, du 27 mars 1837, qui contient à cet égard d'expresses recommandations.

En lisant cela, il nous a paru que nous étions dispensé de

chercher davantage : s'il *eût* existé une *loi*, une *ordonnance*, un *décret* abrogeant ou modifiant celui du 28 août 1810, l'annotateur *quasi-officiel* qui a publié cet ouvrage les connaîtrait sans doute et les indiquerait.

Mais s'il n'existe ni une loi, ni une ordonnance, ni un décret qui aient abrogé le décret de 1810, une *instruction* adressée par le ministre des finances à ses agents aura-t-elle cette puissance ?

Le soussigné, pour son compte, ne saurait le croire, et il ne l'admettrait pas davantage quand bien même l'*instruction* serait un *arrêté ministériel* rendu et publié avec toute la solennité que peuvent comporter les décisions de cette nature.

Au demeurant, qu'est-ce que la NÉCESSITÉ ABSOLUE, et quel en sera le juge ?

Si l'on nous disait que la NÉCESSITÉ ABSOLUE ne se définit point, qu'elle s'impose de vive force, d'où il suit qu'elle n'a pas besoin d'avoir été législativement prévue pour introduire dans toute loi un cas d'exception, à cela nous ferions deux réponses :

La première, que jamais homme de loi n'admettra, à moins qu'on ne l'impose aussi *de vive force*, une doctrine par trop commode, et qui, pour la qualifier de son vrai nom, n'est ni plus ni moins que de l'ARBITRAIRE, et de l'ARBITRAIRE *en finances*, le pire de tous.

La seconde, que notre cause est tellement bonne, que nous pourrions accepter sans péril même cette dangereuse doctrine, et laisser M. le ministre des finances lui-même juger :

1° Si l'imposition, que le préfet du Gard autorisa le 26 avril 1860, en sanctionnant une délibération prise le 27 mars 1859, N'AURAIT PAS PU ÊTRE AUTORISÉE PLUS TOT, assez tôt pour être comprise dans *le rôle primitif*.

2° Si le préfet, ayant rejeté, le 15 novembre 1859, lorsqu'il régla le budget de 1860, les quatre délibérations, celle du

27 mars confirmée le 6 mai, plus deux autres encore qui, toutes, proposaient d'inscrire dans ce budget une imposition de 2,000 fr. ou au moins de 1,150 fr. pour l'église, il était de né-cessité absolue que ce haut fonctionnaire changeât, cinq ou six mois plus tard, de sentiment, pour ordonner que l'imposition, d'abord repoussée, serait perçue rétroactivement en vertu d'un rôle spécial.

Pour en avoir fini de cette première question, une seule chose nous reste à dire :

Comment un doute pourrait-il nous rester sur le peu de fondement de la théorie que paraît avoir adoptée la préfecture du Gard en fait de *rôles supplémentaires de contributions*, quand nous voyons cette théorie solennellement condamnée par le conseil d'Etat ?

On rencontre, au recueil de MM. *Lebon* et *Hallay-Dabot* jusqu'à trois arrêts rendus dans la seule année 1859, les 7 janvier, 31 mai et 21 décembre (pages 7, 360 ou 390 et 752), qui, annulant trois arrêtés du Conseil de préfecture, et par suite des rôles supplémentaires de contributions rendus exécutoires par le préfet du Gard pour la commune de Sabran, déclarent expressément en principe qu'*aucune loi n'autorise l'administration à établir, pendant le cours de l'année, et après l'émission des rôles généraux et particuliers, des rôles supplémentaires pour la contribution foncière.*

Nous avons raisonné jusqu'à ce moment comme si l'arrêté de 1860 pèchait en cela seulement qu'il autorise une imposition à recouvrer en 1860, au lieu de la renvoyer à l'exercice suivant et de la faire englober dans le rôle ordinaire de cet exercice.

Il est temps d'aborder une autre face du sujet, de produire contre cet arrêté des objections plus radicales.

SECONDE QUESTION.

L'arrêté du 26 avril 1860 a-t-il une valeur légale ?

On en a lu plus haut le texte, page 86.

On sait qu'il vise la délibération du 27 mars 1859, en disant que l'assemblée municipale aurait demandé la permission *d'imposer extraordinairement à la commune, pendant dix-sept ans,* 20 *centimes additionnels devant produire annuellement* **1,160** *francs,* pour la construction de l'église, ou mieux, comme le porte l'art. 1er, *pour amortir la dette résultant de cette construction.* Puis le préfet vise la loi de 1837; il considère qu'il s'agit d'une dépense obligatoire, et il accorde, non pour dix-sept ans, mais pour un an, l'autorisation *selon lui* demandée.

Ainsi le préfet s'est placé purement et simplement sur le terrain de l'art. 40, § 1er de la loi du 18 juillet 1837, d'après lequel .

« Les délibérations du Conseil municipal concernant une con-
» tribution extraordinaire destinée à subvenir aux dépenses
» obligatoires, ne seront exécutoires qu'en vertu d'un arrêté du
» préfet, s'il s'agit d'une commune ayant moins de 100,000 fr.
» de revenu. »

Or, le consultant croit que M. le préfet n'a pas pu rendre la délibération du 27 mars exécutoire :

1° Parce que cette délibération, eût-elle été parfaitement régulière, n'était pas, *à raison de son contenu,* de celles qu'un préfet peut homologuer ;

2° Parce que le préfet, eût-il été compétent pour rendre cette délibération exécutoire, ne devait pas, ne pouvait pas le faire, *à raison des irrégularités* qui la viciaient ;

3° Parce qu'enfin cette délibération, ayant été précédemment annulée par le préfet lui-même, n'avait plus d'existence légale.

PREMIÈRE PROPOSITION.

Le préfet n'avait pas compétence pour homologuer la délibération du 27 mars 1859.

Justifier cette proposition serait peut-être difficile, si cette délibération contenait réellement ce que M. le préfet a cru y trouver, ce qu'il en a extrait et mis en saillie, c'est-à-dire *le vote pur et simple d'une contribution extraordinaire destinée à payer une dette* exigible, ce qui est classé par la loi parmi les dépenses obligatoires.

Pourtant, même en ce cas, il resterait à dire :

Que la prétendue dette communale n'est pas définitivement établie ;

Que nous avons l'immense espoir d'en faire un jour affranchir la commune par nos efforts persévérants ;

Que cela arrivera quand le Conseil d'État, saisi de nos deux premiers pourvois, cassant l'une ou l'autre des décisions contradictoires par lesquelles le ministre de l'intérieur et le Conseil de préfecture du Gard se sont mis en conflit négatif, nous aura donné des juges pour vider le fond du litige.

Nous savons bien qu'on ne manquera pas de répondre :

Que cela n'est pas encore fait ;

Que nos pourvois n'ont pas un effet suspensif ;

Qu'en attendant, la dette existe, établie par l'arrêté du 4 août 1858, fortifié de l'acquiescement du Conseil municipal.

A ce point de vue, *transitoirement, provisoirement,* il se pourrait qu'on eût raison. Inutile de creuser davantage une question qui n'est qu'une hypothèse.

7

Dans cette même hypothèse, on serait porté peut-être à croire que le préfet aurait pu autoriser *pour un an* la contribution proposée *pour dix-sept ans* par l'assemblée, et modifier en ce sens les propositions municipales, parce que *qui peut le plus peut le moins*.

Mais, à notre avis, ce serait une erreur : il n'y a à cet égard ni *plus* ni *moins ;* il y a une chose faite par le préfet très-différente de ce que la commune demandait, et cette chose est *un impôt non consenti* par les contribuables. L'assemblée a bien pu consentir à voter un impôt pour dix-sept ans, parce qu'elle croyait par là, quoique très-faussement, en avoir fini tout à fait, sans qu'on ait le droit d'en induire qu'elle aurait consenti de même à voter un palliatif presque ridicule, insuffisant pour éteindre une seule annuité d'intérêts.

Dans tous les cas, comme la maxime *qui peut le plus peut le moins* ne saurait être retournée, nous nions catégoriquement que le préfet ait eu le pouvoir de modifier les propositions municipales en sens inverse quant à la quotité de l'impôt et de substituer 1,160 francs à 1,150 qui était le chiffre proposé.

Il ne servirait de rien d'objecter que l'assemblée du 27 mars vota 1,150 francs par an en ajoutant ces mots, *soit* 20 *centimes pour* 1 *franc*, et que, le principal des contributions de 1859 étant de 5,806 francs comme celui de 1860, les 1,150 francs ne représentent pas tout à fait vingt centimes mais *dix-neuf* et *quatre cinquièmes*, (19,80). Tout le monde sait qu'en pareil cas, on se contente de chiffres approximatifs, en s'attachant à demeurer au-dessous du maximum : et du reste, 1,160 francs ne représenteraient pas non plus 20 centimes tout juste, mais 19,97.

Au demeurant, le chiffre adopté ne passa pas inaperçu. Le préfet l'avait contrôlé, il avait relevé une erreur, en prouvant par le tableau joint à sa dépêche, qu'à raison *de* 1,150 *francs payés chaque année*, l'amortissement emploierait 19 ans et non

17, 19 ans après quoi il resterait un résidu de 257 fr. 33 cent. si bien que, le 6 mai, l'erreur fut corrigée.

C'est donc bien 1,150 francs par an que les deux délibérations proposaient pour 19 ans.

Et le préfet n'a pu autoriser pour un an cet impôt en l'élevant à 1,160.

C'est là pourtant, nous l'avouerons, le petit côté du sujet.

Si le préfet n'avait fait que grossir de dix francs l'*impôt consenti*, passe encore, bien que l'infraction aux principes soit manifeste.

Mais c'est bien autre chose : l'arrêté transforme du tout au tout la délibération du 27 mars 1859, il la métamorphose dans sa substance : et voilà surtout l'erreur, voilà l'abus et l'excès de pouvoir.

Qu'on relise cette délibération aux ANNEXES, on sera frappé de l'*unité de conception* qui s'y manifeste.

Quatre lignes la résument.

La dette communale sera, le 31 décembre 1859, de 33,000 francs, nombre rond.

A cette époque, la commune payera par *ses propres ressources* 9,000 fr. et *par le secours de l'État*, 10,000; total 19,000 fr., restera 14,000 dus.

Pour payer ce découvert, elle empruntera 14,000 francs;

Et *pour rembourser cet emprunt*, une contribution extraordinaire sera créée pour 17 ans, correction faite, pour 19.

Ce sont là des combinaisons extravagantes; d'accord. Mais *l'unité de la conception, l'indivisibilité des parties* dont ce plan se compose n'en ressortent que mieux.

Ce qui en forme l'élément essentiel, *le pivot*, c'est l'EMPRUNT *voulu*, l'EMPRUNT avec son appendice *de voies et moyens*, l'EMFRUNT, que l'assemblée du 6 mai, comme celle du 27 mars, tenace et réfléchie, votera de nouveau en disant :

*Le remboursement de l'*EMPRUNT DONT IL S'AGIT *sera fait en* 19 *ans*, et tout le reste est maintenu.

Pour cinq votants, on l'a dit plus haut et l'on a dit pourquoi, il ne *s'agissait* que de cela, voter l'EMPRUNT.

Si donc la résolution adoptée le 27 mars et confirmée le 6 mai consiste essentiellement en un *projet* d'EMPRUNT communal, avec création d'une imposition extraordinaire pour l'amortir, l'appréciation n'en pouvait appartenir au préfet, parce que tout emprunt projeté, fût-ce par la plus chétive commune, ne peut être autorisé que PAR UN DÉCRET IMPÉRIAL RENDU DANS LA FORME DES RÈGLEMENTS D'ADMINISTRATION PUBLIQUE (Art. 41 de la loi du 18 juillet 1837).

M. le préfet sait cela.

Aussi n'est-ce pas la vraie délibération du 27 mars qu'il a rendue exécutoire, c'est une autre, UNE AUTRE que *dans les bureaux on a dû supposer avoir été prise à cette date et contenir le vote pur et simple d'une contribution destinée à payer la dette communale, sans se relier* A UN PROJET D'EMPRUNT.

La *délibération visée dans l'arrêté* du 26 avril 1860 aurait pu exister, cela est vrai, si l'assemblée du 27 mars ou celle du 6 mai eussent voulu la prendre : mais la vérité est que cette délibération n'existe pas. M. le préfet ne pouvait donc la rendre exécutoire.

A moins qu'on ne dise que, la vraie délibération du 27 mars étant complexe et mélangée d'éléments divers, le préfet a pu faire un triage, l'épurer, en retrancher ce qui était absurde, écarter à ce titre *le projet d'*UN EMPRUNT, et néanmoins valider *la contribution extraordinaire*, prise en elle-même et détachée de ce projet.

Le soussigné ne croira jamais que l'on puisse, dans de telles conditions, lever en France des impôts.

SECONDE PROPOSITION.

La délibération du 27 mars 1859, vicieuse en la forme, ne pouvait pas être sanctionnée.

Quel que fût le pouvoir compétent pour rendre exécutoire la délibération municipale, en d'autres termes, que cette délibération contînt ou un *projet d'*EMPRUNT ne pouvant être autorisé que par un *décret impérial*, ou, comme l'a cru le préfet abusé, le vote simple d'une contribution affectée au payement d'une dette, susceptible d'être homologué par un *arrêté préfectoral*;

Dans l'un et l'autre cas, il fallait, pour qu'elle pût servir de base soit au décret, soit à l'arrêté, qu'elle fût régulière.

Le ministre de l'intérieur, dans sa circulaire du 5 mai 1852, n° 35, commentant le fameux décret de décentralisation, disait à MM. les préfets :

« Vous donnerez une attention toute particulière à n'approuver de délibérations portant vote d'impositions qu'autant que *la régularité de ces votes serait* PARFAITE, *soit quant au nombre et à la qualité des votants, soit sous tout autre rapport.* Autrement, en cas de réclamations reconnues fondées, on serait forcé d'annuler les rôles et de restituer les contributions payées. »

Le ministre ne s'en tenait pas là. Il avait joint à son ample instruction tout un *formulaire*, 52 modèles d'arrêtés préfectoraux à rendre sur toute matière, véritable trésor de science administrative pratique, élaboré pour servir de guide moins à MM. les préfets qu'*à leurs bureaux.* Car le ministre savait bien que surtout à l'avenir et depuis le décret, les préfets ne descendraient guère de leur haute sphère politique pour suivre par eux-mêmes le détail des petites affaires courantes.

L'employé qui soumit à M. le préfet du Gard le projet d'arrêté du 26 avril 1860, avait oublié le modèle n° 13.

Serait-ce le même qui avait rédigé la dépêche partie de la préfecture un an auparavant, jour pour jour, qui détruisait la délibération du 27 mars 1859, en invitant le maire à convoquer d'urgence une autre assemblée pour prendre une délibération nouvelle? En ce cas, il aurait oublié aussi cette dépêche, et ce second oubli serait plus extraordinaire que le premier.

Avons-nous tort de supposer que la dépêche du 26 avril 1859 eût été oubliée à la préfecture, quand il y fut question de prendre l'arrêté du 26 avril 1860?

En ce cas, on se demanderait pourquoi le préfet qui, trouvant la délibération du 27 mars insuffisante et défectueuse, en avait demandé une autre, prît pour base de son arrêté cette première délibération défectueuse, et non pas la seconde, celle du 6 mai, prise, à sa demande, pour la remplacer.

C'est peut-être parce que la seconde, non moins irrégulière que la première, à raison de la composition de l'assemblée, l'était bien davantage sous un autre rapport; parce que nos observations au sujet du délai minimum de dix jours, GARANTIE *dont les contribuables ne peuvent jamais être dépouillés*, avaient été jugées concluantes.

Quoi qu'il en soit, c'est la délibération du 27 mars, et non pas l'autre, que M. le préfet, après treize mois d'intervalle, a voulu homologuer.

Il ne s'agit donc plus que de savoir si celle-là était *régulière*.

La négation est indubitable, et c'est ce que la seule exposition du fait a déjà démontré par avance.

Cette délibération pèche:

1° Parce que *Pierre* DORTHE et *Jean* BRÉMOND y ont concouru, sans avoir droit de figurer, ni comme *suppléants*, ni à aucun autre titre, au nombre des plus imposés. A eux s'applique

cette étonnante ligne qui suit, dans la délibération, la nomenclature des plus imposés au nombre de quatorze : LE NOMBRE
DERNIER SUPPLÉAIENT LES ABSENTS QUOIQUE DUMENT CONVOQUÉS.
Nous n'inventons rien, et n'altérons rien : cela est écrit très-
lisiblement sur le registre ;

2° Parce que M. *François* DIJOL y a pareillement participé, délibérant et votant sur les *voies et moyens proposés pour payer sa
propre créance*, sans parler de son *frère* le maire, de son *gendre*
et de son *beau-frère*(1), tandis que six membres de l'assemblée
s'étaient retirés en protestant, parce que la liste officielle des
plus imposés n'était pas produite, et que tout moyen de vérifier
la qualité de plusieurs assistants leur était refusé ;

3° Parce que le procès-verbal de cette délibération, rédigé
comme si l'on eût voulu, de parti pris, violer toutes les prescriptions relatives à cette matière, sans en excepter une seule,
ce procès-verbal, véritable chaos, ne porte aucune des mentions
qu'il devrait de toute nécessité contenir, mentions exigées pour
mettre l'autorité supérieure, préfet ou ministre, en mesure
d'apprécier la régularité de l'opération.

Il ne mentionne pas quel était le nombre des membres du
Conseil municipal alors *en exercice*, un d'entre eux étant décédé,
un autre démissionnaire (2), et le maire ayant été pris en
dehors du conseil élu.

(1) On n'ajoute pas de *son cousin*, parce que, au vrai, le 27 mars
Alexis ou plutôt *Achille* DIJOL n'assistait pas. Il n'est venu que le
6 mai.

(2) M. Chabaud avait envoyé au maire, depuis plusieurs mois, sa démission écrite : mais il paraît qu'aucun acte émané du préfet ne l'avait acceptée, et que d'après la théorie de l'administration, une démission non
acceptée ne compte pas. — En tout cas ce propriétaire était, ou conseiller
municipal ou l'un des plus imposés. Fut-il convoqué en l'une ou en
l'autre qualité ?
Qui le sait et qui peut le savoir en lisant le procès-verbal?

Il ne mentionne ni quels furent les plus imposés *convoqués*, ni le nombre exact des *assistants*, ou s'il les mentionne, c'est tout à fait à faux; car il énumère QUATORZE *plus imposés* comme *présents*, quand le Conseil primitif et entier ne comptait que douze membres.

TROISIÈME PROPOSITION.

Le 26 avril 1860, la délibération du 27 mars 1859 n'existait plus légalement..

Supposons maintenant, si on le veut, en dépit des démonstrations précédentes,

Que la délibération du 27 mars était de tout point régulière;

Que le préfet avait compétence pour l'homologuer; bien plus, qu'il était le maître de la modifier à son gré, en transformant une contribution proposée comme partie intégrante d'un *projet* D'EMPRUNT, en une contribution simple, absolue, indépendante de ce projet.

Cela posé, ou supposé, l'arrêté préfectoral deviendra-t-il irréprochable?

Évidemment non : même dans ce cas, il manquerait de base. Pourquoi?

Parce que, si le préfet avait le pouvoir d'approuver et rendre exécutoire, même de modifier et transformer la délibération, il avait aussi sans aucun doute celui de la rejeter, et que, faisant usage de ce pouvoir, il l'avait effectivement rejetée, en sorte que, par sa volonté même, cette délibération n'existait plus.

Il l'avait rejetée, d'abord seulement en la forme, tout en agréant le fond, lorsque par sa dépêche du 26 avril 1859, il en signala les défectuosités pour qu'elles fussent évitées, invitant le maire à convoquer une autre assemblée qui en effet fut convoquée et composée différemment.

Il l'avait surtout rejetée plus tard d'une manière absolue, lorsque saisi de nos reclamations opiniâtres contre les quatre délibérations dont celle du 27 mars, était la principale, il lui plut d'arrêter le 15 novembre 1859, le budget de 1860 purgé de toute allocation se rattachant directement ou indirectement à la construction de l'église.

Il est évident, ou jamais rien ne le sera, que par cette décision le préfet fit rentrer au néant la délibération du 27 mars.

Comment est-il possible que cinq mois et demi plus tard il ait été pris un arrêté grevant la population d'un impôt, en vertu de cette délibération anéantie!...

Quand le préfet trouva juste et sage, le 26 avril 1860, d'établir la même imposition extraordinaire qu'il avait repoussée le 15 novembre 1859, on avait à se demander à la préfecture quelle voie devait être suivie pour atteindre ce but.

Ce n'est pas à une *imposition d'office* que l'on songeait : il n'était question que d'autoriser une contribution proposée par les représentants de la commune.

Pour peu qu'on y eût réfléchi, on eût compris bien vite que la délibération prise treize mois auparavant ne pouvait plus, par bien des raisons, servir à cet usage, et qu'il était indispensable d'en demander une autre au Conseil municipal accru des plus imposés.

Plus on y regarde, plus on se pénètre de la nécessité de cette délibération nouvelle.

Il suffisait que l'imposition extraordinaire n'eût pas été, pour un motif quelconque, admise au budget de 1860.

Toute dépense et toute recette corrélatives qui n'ont pas été portées au budget communal, soit par omission, soit par exclusion, et qui sont reconnues nécessaires *après le règlement de ce budget*, doivent être *délibérées dans les formes voulues*, selon la nature de l'allocation et puis autorisées par qui de droit. Admises par une *délibération additionnelle*, c'est-à-dire prise *après le budget réglé*, on les qualifie *crédits additionnels*. (Voir la loi du 18 juillet 1837, article 34, l'ordonnance du 23 avril 1823, article 1er, et la grande ordonnance du 31 mai — 26 juin 1838, articles 432 et 436.)

Aurait-on, en faisant convoquer *ad hoc* une assemblée nouvelle à Garons, en avril 1860, obtenu d'elle le vote d'une contribution de 1,150 ou 1,160 francs pour 17 ou 19 ans, ou pour la seule année 1860?

Il y a de fortes raisons d'en douter.

Dégagée du *projet* d'emprunt qui souriait à plusieurs membres, et aux plus influents, la contribution aurait cessé peut-être de leur plaire.

L'espoir avorté du secours de 10,000 francs, l'ajournement indéfini de la mise en vente de la vieille église, le rêve dissipé d'en obtenir jamais 5,000 francs, la nécessité, manifeste à tous, de pourvoir à l'intérêt de 15,000 francs en sus du *découvert* de 14,000, tout cela eût rendu l'accueil d'une proposition d'impôt fort problématique. Le temps est le grand destructeur des illusions et des mensonges; et la situation mise à nu en avril 1860 ressemblait si peu au tableau factice mis sous les yeux de l'assemblée du 27 mars 1859!

Voilà pourquoi il est infiniment douteux qu'une délibération eût été obtenue au mois d'avril 1860 dans un sens conforme à l'arrêté que la préfecture projetait.

Quoi qu'il en soit, une délibération nouvelle étant indispensable, l'essai du moins devait en être fait, sauf à l'autorité supérieure à user de son droit en cas de refus.

Se contenter de celle du 27 mars 1859 pour servir de base à l'arrêté du 26 avril 1860, était, de toutes les impossibilités légales, la plus impossible.

Voilà par quel ensemble de raisons, — trop longuement développées peut-être — le CONSULTANT fut irrésistiblement conduit à penser que l'arrêté préfectoral du 26 avril 1860 était contraire à la loi, comme celui du 7 septembre 1854, source de tout le mal, et que le second de ces arrêtés, rendu après les objections présentées contre le premier, constituait une erreur et plus grave et plus menaçante.

S'il se trompe, si, dominé par l'intérêt ou la passion, quelques efforts qu'il fasse pour s'en préserver, il est dupe ou victime d'une idée préconçue passée à l'état de monomanie, qu'on veuille bien, il le demande en grâce, l'en avertir.

S'il est dans le vrai, supposition qu'il faut admettre pour juger équitablement ses paroles et ses actions, n'était-il pas forcé de se demander, en présence de l'arrêté pris pour 1860, ce qu'il arriverait en 1861, et si la commune de Garons est devenue *taillable* sans *merci* ni *miséricorde*?

Serait-il juste qu'il fût blâmé pour avoir, dans ces conjonctures, imploré le secours des légistes les plus accrédités, et posé *publiquement* la question de savoir qui doit l'emporter, de M. le préfet du Gard, ou de la loi?

Ceux qui le connaissent de près et au milieu de qui sa vie s'est écoulée, comprendront combien il lui en coûte de sortir un instant de son obscure retraite, pour se poser en une sorte de *Hampden* au petit pied.

Au demeurant, il aime mieux encourir le blâme d'autrui que de perdre sa propre estime : car, dans la conviction qui le possède, payer et se taire eût été une lâcheté.

Clôturé à Garons, le 31 octobre 1860.

GRELLEAU.

ANNEXES A L'APPENDICE

ANNEXE N° 1

*Extrait du registre des délibérations du conseil munici-
pal de Garons, folio 67 verso et 68 recto.*

Séance du 27 mars 1859.

Le Conseil municipal de Garons, réuni extraordinairement,
en vertu de la lettre de M. le préfet, en date du   , assisté
des plus forts contribuables convoqués en temps utile et en
nombre égal,

Étaient présents :

Conseillers municipaux : MM. Dijol, *maire, président;* Barriol, *adjoint,* de Gorsse, Huc, Grelleau, Brémond, Trintignan,
Martin, Fontanier, Raymond, Auzéby.

Plus imposés : MM. *Les hospices, représentés par M. Ferrand
de Missol, Béchard Ferdinand,* Bautias (Pierre), Dijol (François), Roux (Joseph), Pécheral (Michel), *Dijol (Alexis), Sistre
(Auguste),* Comy (Jacques), Guion (Jean), Bautias (Étienne),
Fontanier (Étienne), DORTHE (PIERRE), et BRÉMOND (JEAN) (1).

---

(1) La délibération n'a certainement pas *voulu dire,* quoiqu'elle l'ait
dit, que MM. *Ferrand de Missol, Ferdinand Béchard* et *Auguste Sistre*
fussent présents, non plus que M. *Alexis Dijol,* si malheureusement décédé depuis plusieurs années. Elle ne l'a pas *voulu dire,* car ce serait un
FAUX. Le rédacteur entendait probablement exprimer qu'ils avaient été
convoqués, ce qui pouvait être exact par rapport aux trois premiers. Quant
au quatrième, M. *Achille* DIJOL, fils unique d'*Alexis,* le représentait na-

Le nombre dernier suppléaient les absents, quoique dùment convoqués (1).

M. le maire ouvre la séance et annonce que la réunion a pour but d'aviser au moyen de solder les dépenses de construction de la nouvelle église, telles qu'elles ont été liquidées par des arrêtés de M. le préfet établissant que la dette de la commune s'élève, somme ronde, à 32,000 francs, savoir :

1° A l'entrepreneur	26,949	42
2° Au propriétaire du terrain qui a servi d'emplacement à l'église.	4,071	»
3° A MM. Louis et Chassaret, avoué et notaire, pour frais et honoraires.	779	60
Total . . . . , . .	31,800	02
Plus les intérêts de ladite somme de 32,000 fr. pour 1859	1,146	»
Total	33,146	»
Tandis que les voies et moyens de la commune, ajoute M. le maire, ne s'élèvent qu'à	9,066	»

Suivant le détail ci-après :

1° Prestations à acquitter en argent. .	1,316
2° Honoraires à restituer par l'architecte	750
3° Annuité pour 1859 de l'impôt autorisé par l'arrêté de M. le préfet du 7 septembre 1854	2,000
A reporter.	4,066

turellement, et il avait titre pour être appelé comme l'un des plus imposés, mais la vérité est qu'il ne l'avait pas été le 27 mars. Il fut convoqué et il assista à la réunion du 6 mai.

(1) Sic. GRELLEAU.

Report.	4,066
4° Produit d'aliénation de la vieille église	5,000
Total.	9,066

De sorte que la commune se trouve en présence d'un découvert de.   24,080   »

Le Conseil municipal renforcé,

Vu les arrêtés susrappelés ;

Vu un autre arrêté de M. le préfet du 7 septembre 1854, par lequel ce magistrat autorise la commune à s'imposer extraordinairement pendant huit ans, à partir de 1855, jusqu'à concurrence de 16,000 francs, à raison de 2,000 francs par an, soit, d'après un principal de 5,754 francs 35 centimes additionnels ;

Vu les pièces exigées en matière d'emprunts et d'impositions communales ;

Vu le dossier contenant le projet d'aliénation de la vieille église ;

Considérant que les résultats que font ressortir les arrêtés de M. le préfet ont pour une cause une double erreur commise lors de la mise à exécution des projets, erreur qui conduit la dépense à un chiffre de beaucoup supérieur aux prévisions du Conseil municipal ;

Considérant que tout d'abord la commune reconnaît que, quelque effort qu'elle pût faire, la commune serait dans l'impossibilité d'éteindre seule la dette dont il s'agit ; qu'en effet, le maximum de 20 centimes que nous pourrions voter ne produirait annuellement que 1,150 francs, chiffre à peu près égal à celui des intérêts de 24,080 francs ; qu'il est vrai que, d'après l'arrêté de 1854, nous percevons 2,000 francs, mais que ce résultat n'est obtenu qu'au moyen de 35 centimes addition-

8

nels, chiffre énorme qu'il est à désirer de voir réduire, d'autant plus que le nouvel impôt ne durera pas moins de dix-sept ans; que notre premier besoin dès lors est de solliciter du gouvernement un secours efficace, c'est-à-dire d'au moins 10,000 francs; que les 14,000 francs restants, de même que les intérêts de cette dernière somme, seraient couverts au moyen de nos centimes additionnels; que ce nouvel impôt, sans doute, sera, comme nous venons de le voir, d'une longue durée, mais la nature de la dette nous assure le bon vouloir des contribuables.

Considérant, en ce qui concerne l'aliénation de la vieille église, qu'il n'est pas douteux que les fidèles ne s'empressent de se cotiser pour mettre le nouvel édifice dans les conditions nécessaires pour être consacré au service du culte ; que telles sont du reste les manifestations non équivoques de la population et de la plupart des forains ; que d'ailleurs la mise en vente de la première de ces deux églises n'aura lieu que lorsqu'elle sera devenue inutile.

Délibère ce qui suit :

1° La commune de Garons supplie le gouvernement de lui accorder à titre de secours une somme de 10,000 francs.

2° Les 14,000 francs restants seront empruntés au taux maximum de 5 0/0, soit avec publicité et concurrence, soit auprès de la Caisse des dépôts et consignations, aux conditions de cet établissement, soit par voie de souscription de gré à gré, avec faculté d'émettre des obligations au porteur ou transmissibles par voie d'endossement.

3° Cet emprunt sera amorti et les intérêts payés au moyen d'une contribution extraordinaire de 14,000 francs, somme ronde, recouvrée en 17 années, à partir de 1860, à raison de 1,150 francs par an, soit 20 centimes par franc.

4° L'arrêté du 7 septembre 1854 sera rapporté.

5° L'ancienne église sera aliénée sur une mise à prix de 5,000 francs, mais la vente n'en aura lieu que lorsque la nouvelle église aura été livrée au culte.

Fait en séance, les jour, mois et an que d'autre part, et ont signé :

Signé, Fontamer, Auzéby, Gorsse, André Barriol adjoint, Trintignan, Fontanier, Raymond, Huc, Martin, François Dijol, Pierre Bautias, *Pierre Dorthe, Brémond (Jean)*, Comy, J. Dijol.

(Copie prise le 12 juin 1859.)

ANNEXE N° 2

Liste des contribuables les plus imposés de la commune de Garons pendant l'exercice 1859, rangés par ordre de cotes décroissantes.

	NOMS :	COTES FR. C.
1	Achille Grelleau.	954 87
2	Mesdemoiselles Carbonel.	655 50
3	Les Hospices de Nimes.	651 99
4	Madame veuve Bœuf, née Grégoire. . . .	625 63
5	Octave De Bernis.	381 62
6	Ferdinand Béchard.	310 38
7	Jean Brémond, époux Martin.	253 78
8	Pierre Bautias	246 02
9	François Dijol.	230 23
10	Mademoiselle Joséphine Michel.	183 23
11	Auguste Chabaud.	157 66
12	Jean Dijol, maire.	156 25
13	Joseph Roux, médecin.	154 61
14	Michel Pécheral, époux Boyer.	124 10
15	Alexis Dijol.	105 36
16	Auguste Sistre.	104 91
17	Jacques Comy.	97 91
18	Auguste Boyer, ancien maire (la veuve). . .	95 10
19	Jean Guyon, époux Pélatan.	89 05
20	Étienne Bautias, époux Barband.	86 31

21	Étienne Fontanier, menuisier.	81 19
22	Claude Fontanier, époux Mourier.	79 19
23	François Avignon.	78 58
24	François Auzéby, époux Dijol.	78 15
25	Louis Pécheral, épicier.	78 05
26	Antoine Ribière, époux Pécheral.	76 78
27	Jean Raymond, époux Césarine, charron. . .	76 49
28	Édouard Barriol, fils de Just.	70 89
29	Laurent Gibelin, époux Rigaud.	69 33
30	François, Viguerie époux Brot.	62 43
31	Jean Raymond, époux Fontanier.	61 77
32	Louis Vallat, époux Pelatan.	60 57
33	Claude Flory, époux Ravanis.	60 39
34	Jules Vallat, époux Conte.	60 29
35	Pierre Penoit, époux Brun.	59 32

M. Pierre Dorthe, payant 57 fr. 49 cent., vient nécessairement après ces trente-cinq contribuables. M. Jean Brémond (1), qui paye 47 fr. 51 cent., ne se trouverait qu'au delà de cinquante, si l'on prolongeait la liste jusque-là.

(1) Ne pas confondre ce Brémond, qui est *époux Gervais*, avec le Jean Brémond du n° 7 qui, du reste, est décédé depuis plus de vingt ans.

ANNEXE N° 3

Extrait du registre des délibérations du Conseil municipal de Garons, folio 68 verso.

Séance du 6 mai 1859.

Le Conseil municipal de la commune de Garons, réuni ordinairement dans le lieu ordinaire de ses séances ;

Étaient présents, MM. Jean DIJOL maire, président, Auzéby, Fontanier, Raymond, Martin, Barriol, adjoint ; de Gorsse, Huc, Michel Brémond, Trintignan ;

Assistés des plus forts contribuables, convoqués en temps utile et en nombre égal, MM. Grelleau, Roux, *Béchard*, Bautias (Pierre), Dijol (François), Pécheral (Michel), Dijol (Alexis), *Sistre* (Auguste), Comy (Jacques), Guion (Jean), Fontanier (Etienne) (1) ;

Vu la délibération prise par le Conseil municipal renforcé dans la séance du 27 mars dernier, fixant à dix-sept ans la durée de l'amortissement de l'emprunt que l'assemblée a voté pour opérer le payement des sommes qu'elle doit pour la construction de son église ;

Vu la dépêche du 26 avril, par laquelle M. le préfet fait remarquer à M. le maire que d'après le chiffre des ressources que

---

(1) Même observation par rapport aux noms *Béchard* et *Sistre* que pour la délibération du 27 mars : si l'on avait *voulu* dire qu'ils étaient présents, ce serait un FAUX.

la commune doit appliquer à l'extinction de la somme emprun-
tée, cette période de dix-sept ans est insuffisante et qu'elle doit
être portée à dix-neuf ans ;

Vu le tableau joint à ladite dépêche,

Délibère ce qui suit :

1° La durée du remboursement de l'emprunt dont il s'agit
est fixée à dix-neuf ans ;

2° Les autres dispositions de la délibération précitée sont
maintenues.

Fait en séance, les jour, mois et an que dessus.

Signé au registre : de Gorsse, Fontanier, Raymond, André
Barriol, adjoint, F. Dijol, Achille Dijol, Jacques Comy, Auzéby,
Trintignan, Martin, Pierre Bautias, Fontanier, Huc, J. Dijol,
maire.

(Copie prise le 12 juin 1859.)

POST-SCRIPTUM

POST-SCRIPTUM

24 décembre 1860.

Nous avons dit plus haut, page 87, à la note, que dans les premiers jours du mois courant furent distribuées dans Garons les lettres d'avis de M. le directeur des contributions directes, datées du 27 novembre et annonçant que le Conseil de préfecture, par une décision rendue le 28 septembre, avait rejeté les soixante réclamations.

De ces lettres d'avis nous extrayons ce qui suit :

« Le conseil a considéré qu'il n'est pas compétent » pour contrôler, modifier ou réformer les actes de » l'autorité préfectorale ;

» Et que, d'un autre côté, M. le préfet est resté » dans la limite de ses pouvoirs en ordonnant la » confection d'un rôle spécial pour le recouvrement » de l'imposition autorisée par lui, pour 1860, dans » la commune de Garons.

» Il a, en conséquence, décidé.... que votre cote.... » serait maintenue. »

Ces dépêches se terminaient par la déclaration qu'une copie entière de la décision du Conseil de

» préfecture et du rapport sur lequel elle est inter-
» venue, serait délivrée à tout réclamant qui la
» demanderait en acquittant les frais tarifés. »

Le CONSULTANT s'empressa de former cette demande,
et l'expédition de ces documents vient effectivement
de lui être remise.

Il est de son devoir de les faire connaître intégrale-
ment aux jurisconsultes à qui sera posée, ou plutôt à
qui est posée dès à présent, la question de savoir s'il
y a lieu de former un pourvoi devant le Conseil
d'État contre la décision du Conseil de préfecture du
Gard.

Rappelons d'abord qu'à l'appui de la réclamation
étaient produits deux moyens distincts : le premier
s'appliquant à la confection et surtout à la mise en
recouvrement du rôle; le second, s'appliquant à
l'arrêté préfectoral en vertu duquel ce rôle a été
fait;

Le premier, consistant à soutenir qu'une contribution communale autorisée seulement le 26 avril 1860,
l'eût-elle été par l'autorité la plus légitime et la plus
compétente, ne pouvait, selon les règles de la matière, être mise en recouvrement, si ce n'est à partir
du 1er janvier 1861 ;

Le second, consistant à soutenir que l'arrêté qui a
autorisé cette contribution en homologuant une délibération municipale est, par trois raisons, contraire
à la loi; parce que le préfet n'avait pas le pouvoir

d'homologuer cette délibération, parce qu'elle était
irrégulière et partant nulle, parce qu'enfin le préfet
lui-même, plusieurs mois avant de l'homologuer,
l'avait annulée, deux fois annulée.

Ces arguments divers, que l'on a vus développés
dans l'APPENDICE, l'avaient été déjà en termes à peu
près identiques dans un Mémoire présenté au Conseil
de préfecture par le CONSULTANT.

On va voir que personne, ni le directeur des contributions, à qui la loi impose la tâche de donner son
avis sur toute demande en décharge d'impôt, ni le
Conseil de préfecture après le directeur, n'a voulu
aborder le *second moyen* et s'expliquer sur aucune des
trois propositions entre lesquelles il se ramifie, comme
si c'était là un terrain brûlant sur lequel on n'osât pas
mettre le pied.

RAPPORT DU DIRECTEUR.

En raison de la connexité des demandes qui se ré-
fèrent toutes au Mémoire présenté par M. Grelleau,
le directeur soussigné estime qu'il y a lieu de les
joindre pour statuer par un seul et même arrêté. Il ne
parlera donc que de la demande de M. Grelleau, les
cinquante-neuf autres devant forcément recevoir une
solution identique.

Le directeur n'a point à discuter la question de la

légalité de l'autorisation accordée par M. le préfet à la commune de Garons de s'imposer extraordinairement. Cette question échappe à sa compétence.

Il se bornera à répondre à la partie du Mémoire qui conteste à l'administration le droit d'établir des rôles spéciaux pour le recouvrement des impositions communales extraordinaires.

« Où est la loi qui permet au préfet de mettre en recouvrement un rôle supplémentaire de contributions directes, après l'émission des rôles généraux? » demande M. Grelleau; et il ajoute : « En matière d'impôt, tout est de droit strict, tout ce qui n'est pas autorisé par un texte ou *par l'induction légitime tirée d'un texte* est, par cela même, défendu. »

S'il est vrai qu'aucun texte de loi ne dit *expressément* qu'il pourra être établi des rôles spéciaux pour le recouvrement des impositions communales extraordinaires, en revanche, la loi du 11 juin 1859, comme toutes les lois de finances antérieures, contient un article 2 ainsi conçu :

« Les contributions foncière, personnelle, mobilière, des portes et fenêtres et des patentes, seront perçues pour 1860, en principal et *centimes additionnels,* conformément à l'état B ci-annexé et aux dispositions des lois existantes. »

Et dans cet état B figurent, pour 80,000 fr., parmi les recettes autorisées, les *centimes pour frais de confection de rôles spéciaux d'impositions extraordinaires,*

d'où l'induction TRÈS-LÉGITIME que la loi non-seulement permet, mais prescrit l'établissement, prati-
qué du reste de tout temps, de rôles de cette nature,
lorsque les impositions n'ont pu être comprises dans
les rôles généraux (1).

En citant à l'appui de sa thèse les arrêts du Conseil d'État dans les affaires COLLAIN et LACOMBE (2),

---

(1) M. le directeur aurait-il oublié que plus haut, sur le
même état B, on lit sous la rubrique *fonds pour dépenses communales* : centimes pour dépenses extraordinaires *approuvées
par des actes du gouvernement ou par des arrêtés des préfets ?*

Cela ne se peut : il n'a certainement pas laissé passer ina-
perçue cette ligne que la loi, avant nous, met en italique.

Aurait-il pensé que les *centimes communaux extraordinaires*
peuvent être INDISTINCTEMENT approuvés ou *par des actes du
gouvernement* ou par des *arrêtés préfectoraux,* tandis que *les lois
existantes* distinguent entre les taxes qu'un décret impérial
peut seul autoriser et celles qui peuvent l'être par un arrêté
du préfet ?

Cela ne se peut pas davantage.

Mais M. le directeur pense que ce n'est pas à lui de faire la
distinction ; que du moment qu'un arrêté préfectoral autorisant une contribution extraordinaire lui est transmis, avec
injonction de dresser un rôle, il est tenu d'obéir sans examen
et que la question de savoir s'il ne s'agirait pas, par hasard,
d'une imposition qu'un décret impérial aurait seul pu régula-
riser, échappe absolument à sa compétence.

(2) Ce sont les arrêts des 7 janvier, 31 mai et 21 décembre 1859, insérés au recueil *Lebon* et *Hallays-Dabot,* cités
dans l'APPENDICE, page 95. Celui du 21 décembre contient en

M. Grelleau confond deux choses parfaitement distinctes, les rôles supplémentaires et les rôles spéciaux. Les rôles supplémentaires ont pour but d'atteindre une matière imposable nouvelle, ou omise; ils modifient les bases de cotisation des contribuables qui y sont compris, et le montant en principal de l'impôt fixé par la loi des finances, se trouve augmenté. Par les rôles spéciaux, au contraire, qui ne se rapportent qu'à des centimes additionnels, aucune modification n'est apportée aux bases de cotisation. Les contingents assignés à la commune ne sont pas augmentés d'un centime, de telle sorte qu'aucun contribuable ne supporte, sauf les frais de confection du rôle spécial, une charge plus lourde que celle qui lui serait incombée si le rôle général, établi d'après les bases arrêtées au 1er janvier, avait compris l'imposition extraordinaire qui donne lieu à l'établissement du nouveau rôle.

Que l'on doive éviter, autant que possible, l'établissement des rôles spéciaux, aussi bien dans l'intérêt du recouvrement que dans celui des contribuables; c'est incontestable, et c'est à quoi tendent le décret du 20 août 1810 ainsi que les nombreuses instructions émanées tant du ministre de

note les observations du ministre des finances contraires aux décisions du Conseil d'État, et qui, par conséquent, donnent à ces décisions une plus haute portée.

l'intérieur que du ministre des finances ; mais il ne saurait en résulter que, quand bien même le recouvrement de l'imposition autorisée eût pu, sans inconvénient, être renvoyé à l'année suivante (ce qui n'est pas dans l'espèce, puisqu'il s'agissait d'assurer le payement des intérêts d'une dette), l'établissement d'un rôle spécial puisse jamais constituer une illégalité.

En conséquence, le directeur soussigné propose l'exécution du rôle.

Nimes, le 23 août 1860.

Le directeur,

Signé Delfosse.

M. le directeur des contributions ayant fait parvenir au consultant, non pas ce rapport textuel, mais un extrait analytique, en le prévenant qu'il lui était accordé par la loi dix jours pour fournir de nouvelles observations, s'il le trouvait à propos, le consultant lui adressa en réplique la dépêche suivante :

» Garons, le 30 août 1860.

» Monsieur le Directeur,

« Il ressort de la dépêche que vous m'avez fait l'honneur de m'adresser sous la date du 23 de ce

9

mois, et qui me fut remise le 25 par le garde champêtre de ma commune, que, parmi les moyens divers présentés à l'appui de ma réclamation tendante
à obtenir décharge de la cote qui m'est imposée sur
le rôle de la contribution extraordinaire, il n'en est
qu'un dont l'appréciation vous paraisse rentrer dans
votre compétence.

» Vous attachant ensuite à ce point unique, vous
me faites observer que mal à propos je dénie à l'administration le droit d'établir des rôles spéciaux pour
le recouvrement des impositions qui n'ont pu être
comprises dans les rôles généraux ; que mon erreur à
cet égard est démontrée par la loi des finances qui
met au nombre des contributions autorisées pour
l'exercice 1860 des *centimes pour frais de confection de
rôles spéciaux d'impositions extraordinaires ;* et qu'enfin, si j'ai cru trouver la preuve du contraire dans la
jurisprudence du Conseil d'État, attestée par les trois
arrêts *Collain* et *Lacombe, de Sabran,* c'est que j'ai
confondu deux choses très-différentes : les *rôles spéciaux* et les *rôles supplémentaires.*

» S'il m'était démontré, monsieur le directeur, que
j'ai effectivement confondu ces deux choses très-différentes, je le reconnaîtrais sans aucune peine, et, dois-je
l'avouer? j'en serais médiocrement étonné, puisque
vous-même ou votre administration, puis M. le préfet,
puis le Conseil de préfecture, et enfin M. le ministre
des finances, seriez tous tombés avant moi dans une

erreur, inverse il est vrai, mais de la même nature,, confondant aussi le rôle spécial et le rôle supplémentaire.

» En effet, du droit qui vous appartient, monsieur le directeur, de confectionner les rôles spéciaux, vous aviez conclu résolûment à celui de dresser aussi, et pendant deux années de suite, un *rôle supplémentaire* pour la commune de SABRAN, opinion que partagèrent successivement M. le préfet qui rendit vos rôles exécutoires, son Conseil de préfecture qui rejeta les réclamations de MM. *Collain* et *Lacombe* et M. le ministre des finances qui s'efforça de maintenir cette décision.

» Et moi, de mon côté, de ce que vous n'aviez pas la faculté de dresser des *rôles supplémentaires*, j'aurais conclu à mon tour, bien à tort selon vous, que vous n'aviez pas non plus celui de dresser des *rôles spéciaux.*

» Il y a pourtant en ceci une remarque à faire : c'est que l'erreur dans laquelle tomba l'administration, quand elle crut pouvoir confectionner et rendre exécutoires les rôles de SABRAN, est pleinement justifiée par les arrêts du Conseil d'État, et que la mienne, ou plutôt celle que vous m'attribuez, ne l'est pas encore.

» Ce n'est pas, monsieur le directeur, que j'affirme y avoir échappé; je me défie trop, et trop justement, de mes connaissances, dans une matière si ardue et si pleine d'arcanes, pour m'aventurer jusque-là.

» Assiégé par le doute, — car voilà où j'en suis, — je n'ai pas rencontré dans les objections que vous avez bien voulu formuler pour moi les éclaircissements dont je suis avide.

» Vous faites une distinction que je crois comprendre entre un *rôle supplémentaire* ayant pour objet d'atteindre une matière imposable nouvelle dont l'établissement modifierait le contingent communal et un *rôle spécial de contributions communales extraordinaires* qui laisserait ce contingent intact.

» Mais il ne m'apparaît nullement que cette différence, — dont je ne conteste pas d'ailleurs la réalité, — ait été le motif déterminant des arrêts *Collain* et *Lacombe* et que la décision eût été autre s'il se fût agi d'un *rôle supplémentaire* qui n'aurait pas eu les *alluvions de* SABRAN pour objet.

» Il me semble tout à fait rationnel qu'un rôle de contributions, quel qu'en soit l'objet, émis par l'administration plus ou moins longtemps après l'émission des rôles généraux, soit qualifié *rôle supplémentaire*, puisque c'est une taxe exigée par supplément, par surcroît, alors que le contribuable reposait en pleine sécurité sur la foi de son avertissement reçu.

» Veuillez d'ailleurs, monsieur le directeur, peser cette remarque. Comment ne serais-je pas en proie à des doutes sérieux !... Vous admettez, vous, que le Conseil d'État a jugé et bien jugé, telle est évidemment votre pensée, les réclamations de SABRAN, *parce qu'il s'agissait*, dans cette affaire, *d'un rôle supplémentaire afférent à une matière imposable nouvellement créée.* Or, M. le ministre des finances soutenait, au contraire, que ce rôle avait pu et dû être émis *parce qu'il s'appliquait à une matière imposable nouvellement créée,* et il invoquait les lois spéciales qui prescrivent la cotisation des propriétés de création nouvelle ; en sorte que, d'un même fait constant, vous tirez, vous et Son Excellence, des conséquences diamétralement contraires.

» Vous savez, du reste, ce que le Conseil d'État a répondu au ministre : « *Ni les lois invoquées, ni aucune autre n'autorisent l'administration à émettre un rôle supplémentaire* DANS LE COURS DE L'ANNÉE ET APRÈS L'ÉMISSION DES RÔLES GÉNÉRAUX OU PARTICULIERS : » proposition qui ne saurait être comprise, ce me semble, que dans un sens général et absolu.

» Quelle que soit, au demeurant, la véritable portée des arrêts COLLAIN, vous m'avez objecté, monsieur le directeur, en première ligne, que le tableau B annexé à la loi du budget range parmi les contributions directes à percevoir en 1860 *les frais de confection des rôles spéciaux d'impositions extraordinaires.*

» Je ne méconnais pas la gravité de l'objection ; mais, ici encore, tous les voiles, tous les doutes ne sont pas levés.

» Ce texte prouve que DES *rôles spéciaux pour impo-*

sitions extraordinaires peuvent être légitimement faits,
puisque les frais de confection doivent en être acquittés par les contribuables.

» Mais s'ensuit-il aussi que ces rôles légitimement
faits puissent être émis et recouvrés pendant le cours
de l'année et rétroagir sur le temps déjà écoulé ? C'est
une première difficulté.

» La seconde consiste à savoir si le texte s'applique
à toutes les catégories de contributions extraordinaires, à celles notamment qui se rapportent à des
dépenses purement communales. Ne pourrait-il se
faire qu'il eût en vue les contributions affectées aux
dépenses d'utilité départementale que les Conseils généraux, de leur seule autorité, peuvent établir jusqu'à
concurrence de sept centimes et demi, ou encore les
contributions votées par ces mêmes Conseils qu'une
loi spéciale aurait approuvées, en déterminant l'époque
de leur perception, ce qui nécessiterait l'émission
d'un rôle spécial en plein milieu d'un exercice?

» A l'égard de ces impositions *départementales par
leur origine et leur destination,* rien de pareil n'existe,
je le crois du moins, à ce que le décret du **28 août
1810** a établi par rapport aux *impositions purement
communales.*

» Que faites-vous, monsieur le directeur, des dispositions de ce décret, des instructions ministérielles
qui les maintiennent comme une *règle invariable,* de
la loi du **18 juillet 1837,** article 32, 1° portant que les

contributions extraordinaires, pour être portées au chapitre des recettes d'un budget communal, doivent avoir été préalablement autorisées? Que faites-vous des articles 34 et 42 combinés de la même loi, et de l'article 452 de la grande ordonnance du 31 mai 1838?

» Sur tout cela, monsieur le directeur, vous avez gardé le silence, ce qui ne me semble pas, souffrez que je vous le dise, une suffisante réfutation.

» Vous avez cru devoir pareillement vous taire sur les *circonstances du fait* qui impriment à la contribution établie par l'arrêté préfectoral du 26 avril dernier sur la commune de Garons un cachet tout particulier, qui font peut-être de cette contribution, sans exemple et sans précédent dans les annales de l'administration, une *nouveauté* dans toute la force du terme.

» Ces circonstances, je m'étais efforcé de les mettre en saillie.

» 27 mars 1859, délibération municipale, dans laquelle je consens à ne voir, —par pure hypothèse,— que le vote pur et simple d'une contribution de 1,150 francs affectés au payement d'une dette exigible.

» Et le 6 mai, délibération additionnelle qui, n'étant prise que pour corriger une erreur de calcul, se confond dans la précédente.

» Le 6 mai encore, autre délibération, celle-ci dis-

tincte, qui demande une fois de plus l'autorisation
d'imposer les mêmes 1,150 francs pour équilibrer le
budget de 1860.

» Le 6 mai enfin, confection de ce même budget,
dans lequel les 1,150 francs se transforment, par
pure inadvertance et sans dommage, en 2,000 francs.

Tout cela transmis à M. le préfet, tout cela apprécié
par ce haut fonctionnaire, tout cela suivi de sa décision qui, le 15 novembre 1859, en réglant souverainement le budget, rejette toutes les propositions
municipales et fait rentrer au néant les quatre délibérations qui les contenaient.

» Et tout cela suivi pourtant, sans intervention
nouvelle du corps municipal, de l'arrêté du 26
avril 1860 !...

» Il est vrai que, dans votre opinion, monsieur le
directeur, l'appréciation du *droit* comme *du fait* et,
pour parler comme vous, *la question de légalité* de
l'arrêté préfectoral *échappe à votre compétence.*

»Soit, monsieur le directeur; la discussion sera donc
close entre nous : mais je crois que vous vous trompez
en cela, qu'une lecture plus attentive de l'article 25
de la loi du 11 juin 1859 vous convaincrait de votre
erreur, et que M. le directeur général de votre administration, ainsi que M. le ministre des finances, son
chef suprême, si vous trouviez bon de les consulter,
seraient peut-être de mon avis.

» Agréez, monsieur le directeur, l'assurance de ma respectueuse considération.

» GRELLEAU.

» *P.-S.* J'aurai l'honneur d'adresser à M. le préfet un *duplicata* de la présente dépêche, en le priant de vouloir bien la joindre au dossier de ma réclamation. »

Sur ce, le directeur adressa au Conseil de préfecture un deuxième rapport de teneur :

» Dans les nouvelles observations qu'il a présentées, M. Grelleau n'apporte au débat aucun argument nouveau. Forcé de reconnaître que l'administration a le droit de faire des rôles spéciaux pour le recouvrement des impositions extraordinaires, puisque le budget de l'État comprend les frais de confection de ces rôles parmi les dépenses autorisées, il cherche à équivoquer sur la nature des impositions auxquelles ces rôles peuvent s'appliquer et sur l'époque à laquelle ils doivent être émis. Ces objections ne sont pas sérieuses : le texte de la loi du 11 juin 1859 invoqué dans le précédent rapport est formel, et le directeur soussigné ne peut que persister dans ses conclusions tendant à l'exécution du rôle.

» Nîmes, le 1er septembre 1860.

« *Le directeur,*
» Signé : DELFOSSE. »

Après cela est intervenue la décision suivante :

Conseil de Préfecture.

Séance du 28 *septembre* 1860.

Présents : MM. Cunisse, secrétaire général, remplissant les fonctions de préfet ; Roussellier et Coste, conseillers de préfecture.

Le Conseil de préfecture, vu les réclamations de MM. Achille Grelleau, etc., tous contribuables de la commune de Garons, ayant pour objet d'être déchargés de l'imposition extraordinaire à laquelle ils ont été soumis par un rôle spécial dont la rédaction a été ordonnée pour ladite commune par arrêté de M. le préfet du Gard, en date du 26 avril 1860, et mis en recouvrement le 22 mai suivant ;

Les pétitionnaires fondant leur demande sur ce que M. le préfet ne pouvait sans l'intervention du Conseil municipal liquider une dépense communale, et qu'il a outrepassé ses pouvoirs en imposant extraordinairement la commune de Garons par un rôle supplémentaire ;

Vu l'avis de M. le directeur, concluant à ce que les demandes ci-dessus visées soient rejetées ;

Vu les observations de M. Achille Grelleau sur la

communication qui lui a été faite de ces conclusions ;

Vu le nouveau rapport de M. le directeur, duquel il résulte que ce chef de service persiste dans son premier avis ;

Attendu que le rôle contre lequel MM. Grelleau, etc., réclament, n'est pas un rôle supplémentaire, mais bien un rôle spécial émis pour l'acquit d'une dépense obligatoire; qu'en ordonnant la confection de ce rôle, par arrêté en date du 26 avril 1860, M. le préfet est resté dans les limites des pouvoirs qui lui sont conférés; qu'il ne peut appartenir au Conseil de préfecture de réformer une décision prise par l'autorité préfectorale; que s'il pouvait en être ainsi, tous les pouvoirs hiérarchiques seraient intervertis ; que si les pétitionnaires persistent à penser que le rôle qui leur fait grief a été illégalement émis, ce n'est pas devant le Conseil de préfecture, mais bien devant l'autorité hiérarchiquement appelée à contrôler les actes de MM. les préfets qu'ils doivent présenter leur réclamation ;

Attendu qu'il y aurait un seul cas pour lequel les pétitionnaires seraient fondés à porter leurs réclamations devant le conseil de préfecture, ce serait celui où ils prétendraient que le rôle contient des erreurs à leur préjudice, l'imposition n'étant pas établie d'une manière proportionnelle ;

Attendu que les pétitionnaires n'appuient pas leur demande sur ce dernier motif ;

Qu'il ne reste donc au Conseil qu'à statuer sur l'exposé des réclamants ;

Attendu que des principes administratifs constants il résulte que le Conseil de préfecture doit se renfermer dans les attributions qui lui sont dévolues ; qu'il en sortirait s'il venait à contrôler, modifier, ou réformer les actes de l'autorité préfectorale ;

Sur ces motifs :

Déclare son incompétence et délaisse les demandeurs à se pourvoir devant qui de droit.

Signé au registre : Rousselier, Coste, Cunisse.

Pour copie conforme délivrée à M. Grelleau :

Le directeur des contributions directes,

Signé Delfosse.

Ainsi nos réclamations ont échoué devant ces déclarations géminées *d'incompétence.*

Le directeur des contributions a bien voulu discuter notre première objection, puisée dans les lois qui déterminent le mécanisme de la mise en recouvrement des rôles.

Mais la seconde, l'objection capitale, celle qui affirme l'illégalité de l'arrêté préfectoral à un triple point de vue, ce fonctionnaire a refusé de la discuter,

déclarant que cette discussion échappait à sa compétence.

Que la contribution autorisée par cet arrêté soit ou
non de celles qui ne peuvent l'être que par *un acte du
gouvernement ;* — que la délibération municipale
qu'il vise et sanctionne ait été ou n'ait pas été régulière ; — que cette délibération eût été ou n'eût pas
été mise au néant par le préfet lui-même, quand il
régla le budget communal de 1860 et le transmit à
l'administration départementale des contributions
pour servir à la confection des rôles de l'année ; de
tout cela, M. le directeur pense n'avoir point à s'occuper et que s'en occuper serait sortir de ses attributions. Il est persuadé que non-seulement il ne lui
appartient pas, quand le préfet lui adresse un arrêté
ordonnant la confection et la mise en recouvrement
d'un rôle d'impôt, d'examiner, avant d'obéir, si cet
arrêté est conforme aux lois existantes, mais encore
qu'il ne lui appartient pas davantage, quand la réclamation de soixante contribuables a soulevé la question de légalité et dénoncé avec précision les vices
dont l'arrêté préfectoral, suivant eux, est atteint, de
vérifier si ces vices existent et d'exprimer un avis
quelconque sur ce point.

Peut-être est-il permis de conjecturer que M. le
directeur aurait été amené à se former d'autres idées
sur l'étendue de ses attributions, si les vices repro-

chés à l'arrêté du préfet eussent été moins graves et moins établis.

Quoi qu'il en soit, telle est la théorie adoptée dans son rapport.

Elle a le mérite d'être simple, nette et d'une application très-commode.

A-t-elle aussi le mérite de la justesse? Est-ce bien la théorie de la loi, de ces lois spéciales qui, vu leur importance constitutionnelle, peuvent être justement qualifiées institutions? Est-elle compatible notamment avec la loi financière qui met sur la même ligne, pour les livrer ensemble à l'action pénale, les autorités qui *ordonneraient la perception* d'un impôt irrégulier et *les employés qui confectionneraient les rôles et tarifs?*

Nous nous permettrons d'appeler tout particulièrement sur ce point l'attention des jurisconsultes.

Quant au Conseil de préfecture, sa pensée ne se dégage pas aussi nettement que celle du directeur. On ne la saisit pas en entier du premier coup.

Il commence en effet par déclarer, dans un premier considérant, que le préfet, en ordonnant par son arrêté du 26 avril 1860 la confection du rôle spécial qui donne lieu au litige, est resté dans la limite des pouvoirs qui lui sont conférés, ce qui constitue sans aucun doute, de la part du Conseil de préfecture, une appréciation de l'acte préfectoral.

Mais tout aussitôt il ajoute qu'il ne saurait lui appartenir, pour aucune cause ou sous aucun prétexte, de contrôler, réformer, ou modifier les actes du préfet ; qu'il ne pourrait le faire sans renverser les principes les plus certains de la hiérarchie, et que si les pétitionnaires persistent à croire que le rôle qui leur fait grief a été illégalement émis, ce n'est pas au Conseil de préfecture, mais ailleurs, qu'ils doivent porter leur réclamation ; c'est pourquoi il se déclare incompétent et délaisse les demandeurs à se pouvoir devant qui de droit.

Cette décision, contraire aux conclusions de M. le directeur, qui croyait, lui, le Conseil de préfecture tout à fait compétent pour statuer sur la réclamation des soixante, la déclarer mal fondée et maintenir le rôle, a visiblement embarrassé ce fonctionnaire.

On s'explique ainsi le retard qu'il a mis à donner avis, le 27 novembre, d'une décision prise deux mois auparavant.

C'est sans doute aussi par suite de cet embarras qu'en donnant cet avis, le directeur a cru devoir *traduire* et *interpréter* l'arrêté dont il notifiait l'existence.

Mais sa *traduction* et son *interprétation* ne sont rien moins qu'exactes.

Le Conseil de préfecture n'a pas dit, comme le suppose la dépêche du directeur, 1° qu'il n'avait aucun droit de contrôle sur les actes du préfet ; 2° que, toutefois, se livrant à l'appréciation de l'arrêté du

26 avril 1860, il le jugeait irréprochable. et que, en conséquence, la taxe des soixante réclamants était maintenue.

Le Conseil de préfecture a *d'abord* dit que l'arrêté préfectoral attaqué était certainement irréprochable, ce qui, dans sa pensée, n'était pas une décision mais un *hommage* que l'occasion lui a paru sans doute motiver ; puis, arrivant à la *décision proprement dite*, il a prononcé que l'action formée par les pétitionnaires étant fondée sur l'illégalité du rôle et de l'arrêté qui en a prescrit l'établissement, une action de cette nature échappait à sa compétence et devait être soumise à une autre juridiction, en conséquence de quoi il s'est dessaisi et a renvoyé les demandeurs à se pourvoir. Cette pensée est clairement rendue dans les motifs et le dispositif combinés ensemble de la sentence ; et, comme s'il avait eu peur de ne pas être bien compris, le Conseil de préfecture a ajouté, par surabondance, qu'il serait compétent pour statuer sur la demande en affranchissement des soixante cotes, *dans* LE SEUL CAS *où les pétitionnaires prétendraient que le rôle contient des erreurs à leur préjudice, l'imposition n'étant pas établie d'une manière proportionnelle.*

On le voit donc, le directeur des contributions et le Conseil de préfecture du Gard, tour à tour, à l'envi l'un de l'autre, protestent avec une égale énergie qu'ils n'ont pas mission de s'expliquer sur le caractère

et la valeur légale de l'arrêté du 26 avril 1860, base
unique de l'impôt contesté.

Le CONSULTANT est porté à croire qu'ils se trompent;
que, suivant la loi de pluviôse an VIII, interprétée, —
développée peut-être, — par soixante ans de juris·
prudence, le Conseil avait compétence pour juger la
demande en décharge, quelque délicats que fussent
les moyens présentés à l'appui ; et que le directeur
était tenu de faire connaître son avis personnel sur
le mérite intrinsèque de ces mêmes moyens.

Mais c'est peut-être le CONSULTANT qui se trompe.

Dans cette occurrence, rappelant la troisième des
questions proposées aux jurisconsultes en tête du présent écrit, il les prie de vouloir bien examiner et
résoudre spécialement celle de savoir si le pourvoi
que formeraient devant le Conseil d'État les soixante
contribuables de Garons contre la décision du Conseil de préfecture, ci-dessus transcrite, en date du
28 septembre dernier, serait recevable et fondé.

Garons, 24 décembre 1860

GRELLEAU.

10

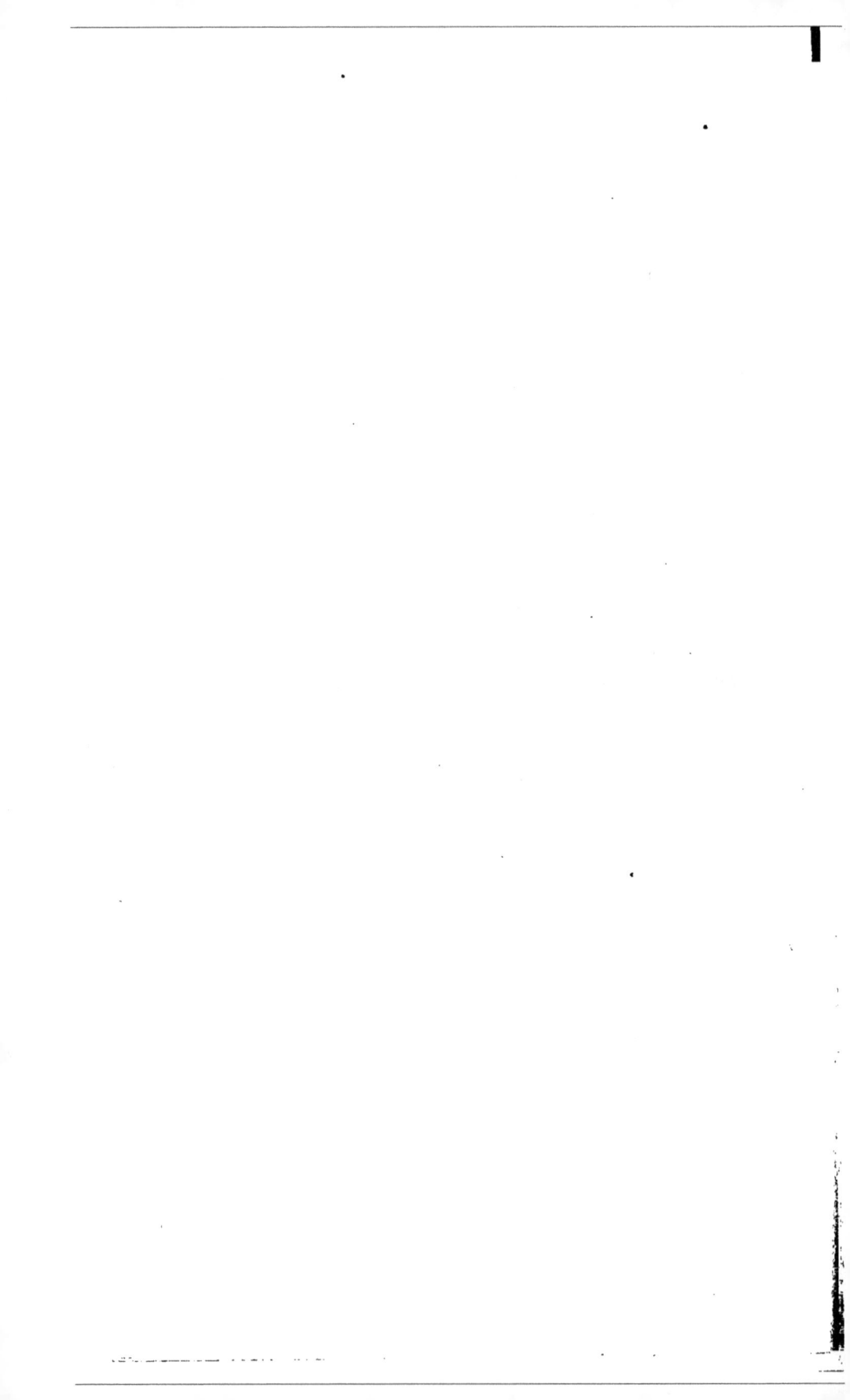

15 *janvier* 1861.

L'auteur de la QUESTION DE CLOCHER demande donc une consultation au barreau de Paris.

Mais il serait parfaitement ridicule, vu le métier qu'il a fait si longtemps, qu'il n'eût pas commencé par se délivrer cette consultation à lui-même, avant de s'engager sérieusement dans son entreprise.

Sa conduite serait d'ailleurs coupable, il l'a déjà reconnu, si une profonde conviction ne la justifiait : conviction acquise par un long travail, par des études acharnées.

Il a cru devoir déduire dans l'APPENDICE comment, à son avis, devraient être résolues la cinquième et la sixième question posées en tête de son écrit, celles que souleva la réclamation des soixante.

Refléxion faite, il va faire connaître aussi comment il avait résolu, pour son compte, les quatre premières questions.

ESQUISSE D'UNE CONSULTATION

SUR LA PREMIÈRE QUESTION

Point de départ et pivot de toutes les autres.

Avant que la loi du 18 juillet 1837 ait fondé le régime administratif et financier sous lequel vivent encore aujourd'hui les communes, il était de principe constant que les contributions extraordinaires à percevoir dans une commune par voie de centimes additionnels au principal des contributions directes pour payer une dépense locale nécessaire et urgente, ou, plus brièvement, les *centimes communaux extraordinaires*, ne pouvaient être autorisés que par un décret ou une ordonnance du chef de l'État, lorsque le Conseil municipal en avait fait la demande par une délibération spéciale transmise au préfet et par le préfet au ministre de l'intérieur.

Le décret impérial du 28 août 1810, transcrit en entier ci-dessus page 88, suppose cette règle préexistante.

Les premières lois financières de la Restauration la formulèrent très-explicitement ; c'est ce qui résulte :

De celle du 23 septembre 1814, article 14 ;

De celle du 28 avril 1816, article 28 ;

De celle du 25 mars 1817, article 45 ;

De celle du 15 mai 1818, qui organisa en cinq articles, 39-43, la théorie de cette matière en y introduisant deux innovations, savoir :

L'adjonction des plus forts contribuables au Conseil municipal toutes les fois qu'il s'agirait de délibérer sur une contribution extraordinaire à établir,

Et la nécessité d'une loi au lieu d'une ordonnance royale, pour autoriser une semblable contribution dans toute commune dont le revenu excéderait 100,000 francs.

La grande loi du 18 juillet 1837, qui est tout un code, maintint la distinction faite entre les communes possédant et celles ne possédant pas 100,000 francs de revenu, et en créa une autre non moins féconde que neuve.

Elle divisa les dépenses communales en deux classes, qualifiant les unes *obligatoires* et les autres *facultatives*.

Dans son article 30, elle donna la nomenclature des premières sous vingt et un numéros, suivie d'une disposition générale de renvoi aux lois présentes ou futures qui rangeraient telle ou telle dépense dans cette catégorie.

Le même article, par son paragraphe final, déclara *facultatives* toutes les dépenses qu'une loi n'aurait pas expressément déclarées *obligatoires*.

Faisant ensuite un premier pas dans le système que l'on a depuis appelé, avec plus ou moins de justesse, *décentralisation,* elle conféra aux préfets, par rapport aux dépenses légalement *obligatoires* et aux communes dont le revenu n'atteint pas 100,000 francs :

1° Le pouvoir d'homologuer les délibérations municipales par lesquelles une imposition extraordinaire serait votée ;

2° Celui de porter *d'office* au budget communal toute allocation nécessaire, quand le Conseil municipal mis en demeure aurait refusé de l'y porter lui-même, sous la condition, toutefois, que le préfet ne pourrait user de ce dernier droit qu'en vertu d'un arrêté par lui rendu en Conseil de préfecture. Et encore faut-il remarquer que, dans cette hypothèse, la loi donna bien au préfet le pouvoir d'inscrire *d'office* au budget un ar-

ticle de dépense *obligatoire*, mais non celui d'autoriser la contribution extraordinaire jugée nécessaire pour y subvenir, si le
Conseil municipal persistait à ne pas la voter. Ce droit fut
réservé à l'autorité supérieure pour être exercé au moyen d'une
loi dans le cas où la contribution devrait dépasser le *maximum*
de centimes additionnels déterminé par la loi du budget, et
dans le cas contraire, par une ORDONNANCE ROYALE.

Du reste, au pouvoir central fut pareillement réservé ou
plutôt maintenu le droit exclusif :

1° D'autoriser les impositions extraordinaires votées par
les Conseils municipaux par UNE LOI dans les communes ayant
100,000 fr. ou plus de revenu, et par une ORDONNANCE ROYALE
dans les autres, quand ces impositions s'appliqueraient à des
dépenses facultatives ;

2° De les autoriser par une ORDONNANCE ROYALE, lors même
qu'elles auraient pour objet une *dépense obligatoire*, mais dans
les communes dont le revenu atteint 100,000 francs.

3° Enfin, d'autoriser tout *emprunt communal*, par UNE LOI
dans les communes du rang supérieur, et dans les autres, par
une ORDONNANCE RENDUE DANS LES FORMES DES RÈGLEMENTS
D'ADMINISTRATION PUBLIQUE.

Ainsi disposent avec une parfaite clarté les articles 39, 40
et 41 de la loi du 18 juillet 1837.

Vint le fameux décret du 25 mars 1852 qui apporta aux
attributions des préfets une extension considérable.

Il leur attribua notamment par les § 36 et 37, tableau A, le
pouvoir d'autoriser les contributions extraordinaires affectées
aux *dépenses facultatives* des communes pour une durée de
cinq ans et à concurrence d'un *maximum* de 20 centimes additionnels, de même que les *emprunts communaux* susceptibles
d'être remboursés, soit à l'aide d'une imposition extraordinaire
renfermée dans les mêmes limites de durée et de quotité, soit

à l'aide des ressources ordinaires pendant une période qui ne dépasserait pas dix ans.

Innovation d'une haute portée.

Le législateur de 1852 le comprenait bien, lui qui, dans l'article 1er de son décret, range les impositions extraordinaires au nombre des *affaires qui affectent directement l'intérêt général de l'État.*

Le ministre de l'intérieur ne l'avait pas moins bien compris, lui qui disait le 10 avril 1852 dans sa circulaire accompagnant l'envoi du décret aux départements :

« *Parmi les objets décentralisés, il en est dont l'importance est très-considérable. Tels sont, par exemple,....* LES IMPOSITIONS EXTRAORDINAIRES DES COMMUNES, *qui, si elles étaient trop facilement autorisées, pourraient nuire au recouvrement des contributions publiques.* »

Il y a lieu de croire que l'autorité souveraine n'avait voulu faire sur ce point qu'un essai et que l'expérience ne dut pas justifier le mérite du nouveau système, puisque, avant qu'il se fût écoulé quinze mois, la loi du 10 juin 1853 *sur la conversion des dettes départementales et communales* abrogea, par son article 4, les § 36 et 37 du tableau A.

Deux circulaires des 20 juin et 28 juillet, même année, suivirent sa promulgation. (Voy. Bull. offic. du ministère de l'intérieur, année 1853, p. 193 et 230.)

Dans la première, le ministre, après avoir dit que l'abrogation des § 36 et 37 faisait revivre purement et simplement les articles 40 et 41 de la loi de 1837, continuait ainsi, s'adressant à MM. les préfets :

« *Ainsi, dès aujourd'hui, vous ne pourrez autoriser aucun emprunt communal, et quant aux impositions extraordinaires, vous aurez seulement la faculté d'autoriser celles qui seront votées par les Conseils municipaux* POUR SUBVENIR A DES DÉPENSES OBLIGATOIRES. »

La seconde circulaire contient la nomenclature des pièces que les préfets auraient à produire avec leurs propositions transmises au ministre sur tout projet, ou d'emprunt communal, ou d'imposition extraordinaire relative à une dépense facultative.

Lors donc que le Conseil municipal de GARONS, commune qui n'a pas 100,000 francs de revenu, eut voté, le 26 juin 1853, la contribution extraordinaire de 16,000 francs, recouvrable en huit ans, destinée, cumulativement avec d'autres ressources, à payer l'église à construire et son emplacement, c'est-à-dire les deux terrains qu'il fallait acheter, de gré ou de force, à deux propriétaires, la question de savoir par qui, de l'Empereur ou du préfet, une semblable contribution devait être autorisée pour devenir légalement exigible, se résolvait par cette autre question adéquate : *Faut-il ranger parmi les dépenses communales* OBLIGATOIRES *ou parmi les dépenses* FACUL-TATIVES *la construction d'une église neuve et l'achat du sol qui doit la porter ?*

Mais est-ce bien là une chose qui fasse question, et trouverait-on aisément un jurisconsulte qui consentît à la traiter comme sujette à controverse?

Il faudrait répondre hardiment que non, — tant il paraît manifeste et notoire que toute entreprise de construction par une commune, soit d'une église, d'un hospice ou d'une école, soit d'une mairie ou d'une halle, est essentiellement facultative, — si la décision ministérielle intervenue le 31 janvier 1860, dont le CONSULTANT demande au conseil d'État la réformation, ne forçait de croire à la possibilité d'un dissentiment.

Cette décision porterait, — si l'analyse qu'en donne le préfet du Gard dans sa dépêche du 7 février 1860 est fidèle, comme on doit le croire, — que *la construction d'une église à* GARONS *constituait une dépense communale obligatoire, aux* TERMES *des*

*dispositions combinées du décret du 30 décembre 1809 et de la
loi du 18 juillet 1837*; et que, par conséquent, *il appartenait
au préfet, en vertu de l'article 40, § 1ᵉʳ de cette loi, d'autoriser
la commune à recourir à une contribution extraordinaire destinée au payement de cette dépense.* (Suprà, pag. 52.)

Rien de plus exact que la conséquence, si les prémisses le
sont.

Quel est le sens précis de cette décision?

La dépêche du ministre au préfet, si le contexte nous en
était connu, ne laisserait probablement sur ce point aucune
incertitude.

Dans l'ignorance de ce contexte, on se demande si le ministre a pensé que, *généralement et en thèse,* aux termes du
décret de 1809 qui régit les fabriques, combiné avec la loi
de 1837 qui régit les communes, la construction d'une église
constitue une dépense communale *obligatoire,* ou si, ne voulant
juger qu'une seule espèce et mal renseigné, M. le ministre a
pensé que le produit de l'imposition en litige devait être affecté
non à l'acquisition d'un emplacement et à la construction
d'une église neuve, mais à la réparation ou reconstruction de
l'église existante.

Dans cette situation, il faut se placer en regard de l'une et de
l'autre *difficulté,* si toutefois ce mot convient à une question
de droit et à une question de fait qui n'en offrent pas même
l'apparence.

Voyons d'abord le droit.

Non-seulement l'énumération des *dépenses obligatoires* faite
en vingt-un chefs dans l'article 30 de la loi du 18 juillet 1837
ne comprend aucun édifice à construire, mais encore le § 16
de cette nomenclature exclut toute construction neuve, par
cela seul qu'il y englobe *les grosses réparations aux édifices
communaux.*

Il est vrai que cette disposition porte aussi : *Sauf l'exécution des lois spéciales concernant les bâtiments militaires et les édifices consacrés au culte,* ce qui implique le renvoi au décret de 1809.

Acceptons ce renvoi ; mais avant de nous transporter sur le terrain de ce décret, en abandonnant celui de la loi de 1837, qu'il nous soit permis de rappeler deux de ses dispositions les plus importantes : l'article 39, suivant lequel toute dépense obligatoire que le Conseil municipal refuserait d'inscrire à son budget peut y être portée d'*office* par le préfet, et l'article 40, suivant lequel, dans une commune ayant 100,000 francs de revenu, une ordonnance royale est suffisante pour autoriser l'impôt local affecté à toute dépense *obligatoire*, et une loi ne devient nécessaire que dans le cas où il s'agirait d'une dépense *facultative.* Puis, en regard du premier de ces principes, qu'on essaye de se représenter, si c'est possible, un préfet inscrivant d'*office* au budget d'une commune la dépense d'une église neuve à construire, quand le Conseil municipal ne le veut pas. En regard du second, et en se rappelant une foule de lois votées par le Corps législatif et promulguées avec le consentement du Sénat, qu'on se demande pourquoi tant de lois sont rendues pour autoriser les cités opulentes à créer un impôt destiné à payer la construction d'une église, alors qu'un décret impérial suffirait, si c'était là une nature de dépense qui pût être qualifiée *obligatoire* avec une apparence de raison.

Cela dit, passons à l'examen du décret de 1809.

Quand la loi municipale, s'expliquant sur les édifices communaux en général, n'a compris que le coût de leurs *grosses réparations* parmi les dépenses qui sont *obligatoires* pour la commune, trouverons-nous quelque chose de plus dans la loi des fabriques ? y trouverons-nous la construction d'une église *à priori* déclaré *obligatoire,* soit pour la fabrique, soit pour la commune ?

Ce serait fort étrange, il faut bien l'avouer.

Aussi n'y rencontre-t-on rien de pareil.

Le premier article du décret nous apprend que les fabriques ont pour premier devoir de *veiller à l'entretien et à la conservation des temples.* Il n'est guère possible de dire plus clairement qu'elles ne sont chargées ni de les construire, ni de les faire construire à neuf.

Les articles 12, 41 et 42 combinés disposent :

Que le *bureau des marguilliers* peut, de sa seule autorité, ordonner et payer les *réparations* dont le coût n'excède pas 50 francs ;

Que s'il s'agit de *réparations* devant coûter de 50 à 100 francs, le *conseil de fabrique* doit intervenir, et qu'il peut les faire exécuter sans formalités ;

Que si elles doivent coûter au delà de 100 francs, le *conseil de fabrique* est tenu d'en faire dresser le devis préalable, et d'adjuger ce travail au rabais et sur soumissions cachetées, lors même que le montant en pourrait être payé sur les revenus libres de la fabrique.

On voit qu'il n'est jamais question que de *réparations* et rien de plus.

Toutefois, l'article 37 énumère les charges de la fabrique en quatre alinéas, et le quatrième porte ce qui suit :

Les charges de la fabrique sont… 4° de veiller à l'entretien des églises, presbytères et cimetières ; et, en cas d'insuffisance des revenus de la fabrique, de faire toutes les diligences nécessaires pour qu'il soit pourvu aux RÉPARATIONS *et* RECONSTRUCTIONS.

RECONSTRUCTIONS, que signifie ce mot ?

Placé comme il l'est, il signifie, c'est de toute évidence, les *reconstructions partielles,* les seules qui puissent être raisonnablement assimilées à des réparations ; il signifie tous les genres de travaux nécessaires pour *maintenir l'édifice en bon état de réparation et d'*ENTRETIEN.

L'article 43 veut que, si la fabrique n'a pas de *fonds dispo-*

nibles suffisants pour les réparations, le *bureau des marguilliers* en fasse rapport au *conseil de fabrique,* et que ce conseil prenne une délibération tendante à ce qu'il y soit pourvu dans les formes prescrites au chapitre ɪᴠ, c'est-à-dire à ce que la commune prenne à sa charge la dépense de *ces réparations,* comme on va le voir.

Vient en effet le chapitre ɪᴠ qui porte cette rubrique : *Des charges des communes relativement au culte.*

Il se compose de douze articles, de 92 à 103, et le premier de tous est ainsi conçu :

Ces charges .. sont :

1° *De suppléer à l'insuffisance des revenus de la fabrique pour les charges portées en l'article* 37 ; — même disposition dans la loi du 18 juillet 1837, article 30, § 14 ;

2° *De fournir au curé... un presbytère, ou un logement, ou une indemnité pour en tenir lieu ;*—même disposition dans l'article 30, § 13 ;

3° *De fournir aux grosses réparations des édifices consacrés au culte ;*— même disposition dans l'article 30, § 16.

Ainsi la loi municipale, dans les § 13, 14 et 16 de son article 30, ne fait que reproduire exactement les trois alinéas de l'article 92 du décret de 1809.

Cela étant, à quoi sert le renvoi fait par le § 16 aux *lois spéciales concernant... les édifices religieux ?*

On peut faire à cette question deux réponses.

Il se pourrait que ce renvoi ne fût qu'une redondance. Il s'en rencontre assez souvent dans les lois.

Celui dont il s'agit a cependant une portée. Il subordonne l'exécution des *réparations* en ce qui concerne les églises à l'accomplissement de certaines formalités *sui generis,* qui très-certainement ne sauraient s'appliquer aux *réparations* dont les autres édifices communaux seraient susceptibles, et qui toutes ont pour objet de constater préalablement la nécessité, la nature et le coût des *réparations* dont une église existante a besoin.

Après avoir indiqué avec précision et clarté ces formalités toutes spéciales, par les articles 94 et 95, le législateur arrive à décréter à l'aide de quelles ressources la commune, à défaut de la fabrique, pourvoira aux réparations reconnues nécessaires, et là se rencontre pour la seconde et dernière fois le mot *reconstructions* accolé au mot *réparations* dans l'article 98, qui commence ainsi :

S'il s'agit de dépenses pour RÉPARATIONS *et* RECONSTRUCTIONS *qui auront été constatées conformément à l'article 95, etc.*

Cette fois encore, il tombe sous les sens que par RECONSTRUCTIONS la loi n'a pu entendre que des travaux plus ou moins importants de restauration appliqués à une église existante plus ou moins dégradée.

Ainsi, ni le décret de 1809, ni la loi de 1837, considérés isolément ou combinés ensemble, ne permettent de qualifier *dépense communale* OBLIGATOIRE la construction d'une église neuve et l'achat de son emplacement.

Le point de droit ainsi vérifié, il ne resterait plus qu'à mettre le fait en lumière, si le Mémoire à consulter ne l'eût déjà fait aussi largement que possible.

Parmi les incidents dont se compose cette curieuse histoire de l'église de GARONS, et parmi les documents qui leur servent d'escorte, quoi de plus frappant que la dépêche ministérielle adressée le 4 novembre 1853 au préfet du Gard ! (*Suprà*, p. 64.)

Il n'est pas une ligne de ce document qui ne démontre que le ministre connaissait parfaitement bien la nature de l'entreprise projetée par la commune de GARONS ; pas une qui ne justifie qu'au pouvoir central appartenait exclusivement la décision à rendre sur toutes les branches de cette entreprise, et particulièrement sur l'*imposition extraordinaire ;* pas une qui ne dût rappeler au préfet que sa tâche, à lui, se réduisait à instruire l'affaire, réunir les pièces et les transmettre au ministère avec son avis.

Lors donc que l'on relit cette dépêche, on reste confondu.

Nul ne saurait dire ce qu'il y a de plus étonnant, ou que le préfet qui l'avait reçue ait pris sur lui d'autoriser la contribution extraordinaire par son arrêté du 7 septembre 1854, ou que le ministre qui l'avait écrite ait décidé, le 31 janvier 1860, que le préfet avait pu, sans excéder son pouvoir, prendre cet arrêté.

Quoi qu'il en soit, à la première question posée par le CONSULTANT, tout légiste sera forcé de répondre que la contribution extraordinaire, proposée par la délibération municipale prise à GARONS le 26 juin 1853, ne pouvait être régulièrement autorisée que par un DÉCRET IMPÉRIAL, conformément au § 2 de l'article 40 de la loi du 18 juillet 1837, et que le préfet du Gard, en rendant cette délibération exécutoire par son arrêté du 7 septembre 1854, a manifestement commis un excès de pouvoir.

SUR LA SECONDE QUESTION.

La première loi qui suivit la promulgation de la Charte de 1814, — elle est du 21 septembre, même année, — portait dans son article 19 :

« Toutes contributions directes, autres que celles énoncées » dans la présente loi, à quelque titre et sous quelque dénomi- » nation que ce soit, sont formellement proscrites, à peine » contre les autorités locales qui les établiraient, contre les » employés qui confectionneraient les rôles, et les receveurs et » percepteurs qui en feraient le recouvrement, *d'être poursuivis* » *comme concussionnaires.* »

Ce n'est pas un médiocre honneur pour le gouvernement

de la Restauration que d'avoir, le premier, formulé cet important principe.

Entré dans la législation à cette époque, il n'en est plus sorti.

La loi du 28 avril 1816, article 32, le maintint à peu près dans les mêmes termes, de même que celle du 25 mars 1817, article 135.

Celle du 15 mai 1818 y ajouta un admirable complément, la plus précieuse et la plus efficace des garanties. Son article 94, après les mots : *seront poursuivis comme concussionnaires,* continue ainsi : *sans préjudice de l'action en répétition pendant trois années contre tous receveurs, percepteurs ou individus qui auraient fait la perception, et sans que, pour exercer cette action devant les tribunaux, il soit besoin d'une autorisation préalable.*

La loi du 17 juillet 1819, article 34, ajouta ceci :

« *Il n'est pas néanmoins dérogé.... à l'exécution des articles 39, 40, 41, 42 et 43 de la loi du 15 mai 1818, relatifs aux dépenses extraordinaires des communes.* »

Rien de plus clair et de plus juste ; car cela signifie seulement que la perception des *centimes communaux extraordinaires* est parfaitement légitime, pourvu qu'ils aient été dûment autorisés.

Partant de là, la loi annuelle des finances élargira de temps à autre le cadre de la formule pour y faire entrer successivement :

Le 10 mai 1823, — loi de ce jour, article 6, — qu'il n'est pas dérogé aux articles 22 de la loi du... et 20 de la loi du... relatifs aux *centimes que les conseils généraux ont le pouvoir de voter* ;

Le 20 juillet 1837, — loi de ce jour, article 22, — qu'il n'est pas dérogé aux dispositions de la loi *sur les chemins vicinaux* ;

Le 10 août 1839,—loi de ce jour, article 21,—qu'il n'est pas dérogé à la loi du 10 mai 1818 *sur les attributions départementales*, à celle du 18 juillet 1833 sur *l'administration communale*, à celle du 28 juin 1838 sur *l'instruction primaire.*

Alors se trouvera complété le groupe des lois qui autorisent la perception de toutes les impositions départementales et communales, pourvu que dans l'établissement de ces taxes aient été observées les règles qui leur sont propres. La formule sera définitivement fixée, et dans tous les budgets votés par le Corps législatif on lira l'article suivant, toujours le même, quoique sous divers numéros (Voir l'article 21 de la loi du 26 juillet 1860, réglant le budget de 1861) :

« Toutes contributions directes ou indirectes, autres que
» celles autorisées par la présente loi, à quelque titre et sous
» quelque dénomination qu'elles se perçoivent, sont formelle-
» ment interdites, à peine contre les autorités qui les ordon-
» neraient, contre les employés qui confectionneraient les
» rôles et tarifs, et ceux qui en feraient le recouvrement,
» d'être poursuivis comme concussionnaires, sans préjudice
» de l'action en répétition pendant trois années contre tous
» receveurs, percepteurs ou individus qui auraient fait la per-
» ception, et sans que, pour exercer cette action devant les
» tribunaux, il soit besoin d'une autorisation préalable.

» Il n'est pas néanmoins dérogé à l'exécution de l'article 4
» de la loi du 2 août 1829, modifié par l'article 7 de la loi du
» 7 août 1850 relatif *au cadastre ;* non plus qu'aux dispositions
» des lois du 10 mai 1838 sur les *attributions départementales,*
» du 18 juillet 1837 sur *l'administration communale,* du
» 21 mai 1836 sur les *chemins vicinaux,* du 28 juin 1833 sur
» *l'instruction primaire.* »

Si cette grave et belle disposition était de celles qui ont besoin d'être soumises au contact de l'expérience pratique, éclairées par la doctrine et la jurisprudence, pour que le sens et la portée en soient pleinement compris, il faut reconnaître que la doctrine et la jurisprudence seraient ici d'un faible secours.

Nul recueil administratif ou judiciaire ne mentionne une seule espèce dans laquelle il en ait été fait l'application. Les auteurs l'indiquent en la copiant ou la résumant, mais sans développement, sans commentaire.

Peut-être tout commentaire était-il en effet superflu, tant le texte en est clair et précis.

Il n'eût pas été inutile cependant de mettre en lumière tout ce qu'il renferme, ne fût-ce que pour encourager un esprit de résistance pacifique et légale qui, trop souvent en France, nous a fait défaut.

Il est bon que l'on sache, et on ne le sait pas assez, que le législateur a fait son œuvre, rempli toute sa tâche lorsque, indépendamment des divers recours administratifs dans lesquels on rencontre trop souvent l'administration en quelque sorte juge et partie, il a ouvert aux citoyens, pour les garantir contre toutes perceptions illégales, une *action pénale* et une *action civile* déférées l'une et l'autre aux tribunaux du droit commun, dégagées l'une et l'autre dans leur excercice de l'entrave qu'y apporterait la nécessité d'une autorisation préalable demandée au conseil d'État.

Le législateur, disons-nous, a rempli sa tâche ; c'est aux citoyens à faire usage des armes défensives qu'il leur a préparées.

Tout citoyen donc, après s'être convaincu, par une sérieuse étude, qu'une contribution exigée de lui et par lui acquittée, n'avait pas été régulièrement établie, peut à son choix exercer ou du moins provoquer *l'action pénale* par une *plainte en concussion* déposée dans les mains des magistrats préposés pour la recevoir, ou exercer *l'action civile*.

Pour lui *l'action pénale* et *l'action civile* n'ont qu'un intérêt et

11

qu'un but : obtenir le remboursement de ce qu'il a payé sans le devoir, et une juste indemnité s'il y a lieu.

Ce but, il peut l'atteindre également :

Soit par *l'action en répétition* exclusivement dirigée contre le percepteur qui a opéré l'encaissement, pourvu qu'il introduise cette action avant l'expiration de trois ans depuis la perception faite ;

Soit par *la plainte en concussion* jointe à la faculté que le droit commun lui assure de se porter *partie civile* et de conclure à des dommages-intérêts *avec solidarité contre tous ceux que sa plainte incrimine.*

Tous, en effet, suivant la loi, en sont passibles ; le haut fonctionnaire qui a ordonné la confection du rôle, le directeur des contributions directes et ses employés qui l'ont dressé, le percepteur ou receveur et, s'il y a lieu, son *commis*, qui l'ont encaissé. Ici le supérieur ne couvre pas de sa responsabilité l'inférieur. La même responsabilité pèse à la fois sur tous. Ainsi l'a voulu la loi ; et c'est par des motifs trop puissants et trop lumineux pour qu'il soit nécessaire de les expliquer.

S'imaginerait-on, comme les gens du monde sont portés à le croire, qu'il y a *concussion* dans le cas seulement où une perception a été faite ou bien ordonnée par un fonctionnaire *pour en tirer un profit personnel ?*

Ce serait une grave erreur. D'après l'article 174 du Code pénal, la *concussion* existe toutes les fois qu'un fonctionnaire effectue ou commande la perception d'une taxe au profit, soit du trésor, soit d'un département, d'une commune ou de qui que ce soit, *sachant que cette taxe n'est pas due.*

Or, une contribution n'est pas due, quand elle n'a pas été assise conformément aux règles de la matière.

Ces règles, le fonctionnaire les sait; car il est tenu, par ses fonctions mêmes, de les savoir.

Si, *de fait*, il ne les savait pas, eh bien, qu'il le dise au jury, et si le jury le croit, le jury l'absoudra.

On peut se demander si, après la plainte que porterait un contribuable, en vertu de la loi du budget, contre les trois ordres de fonctionnaires que cette loi désigne, le ministère public serait ou non tenu de requérir information.

L'éminent magistrat à qui nous devons le beau *Traité de l'instruction criminelle*, traitant au tome 2, § 111, avec sa supériorité accoutumée, la question de savoir si le ministère public, saisi d'une plainte régulière dans laquelle le plaignant s'est constitué partie civile, est ou non le maître de n'y donner aucune suite, établit fortement la négative.

Mais il reconnaît en même temps que cette doctrine n'a pas reçu l'adhésion de tous les parquets.

Supposons donc que, dans le cas donné, le ministère public, usant bien ou mal d'un droit plus ou moins contestable, ait mis au rebut la plainte du contribuable.

Dans ces conjonctures, il ne saurait être mis en doute, ce nous semble, que ce plaignant, frustré de la faculté d'agir comme partie civile devant la juridiction criminelle, serait recevable et fondé à intenter devant la juridiction civile une action de la même nature, c'est-à-dire *aussi étendue, et dirigée contre tous ceux que l'action pénale aurait atteints*, au lieu de s'attaquer uniquement au receveur ou percepteur que la loi du budget désigne comme devant subir *l'action spéciale en répétition durant trois années*.

Ces diverses actions n'ayant rien de contradictoire, la loi spéciale et le droit commun combinés paraissent autoriser le contribuable lésé à les exercer toutes, *à son choix*.

Reste à répondre à la question posée par le CONSULTANT.

L'arrêté rendu par le préfet du Gard, le 7 septembre 1854, qui fut exécuté pendant cinq ans, tombe-t-il sous le coup de la loi financière ci-dessus transcrite ?

Or, la réponse ne saurait être qu'affirmative.

C'est une conséquence forcée de la solution adoptée sur la première question.

Si l'imposition extraordinaire proposée par l'assemblée municipale tenue à Garons, le 26 juin 1853, ne pouvait être valablement autorisée que par un DÉCRET IMPÉRIAL, si néanmoins elle a été autorisée et perçue, de 1855 à 1859, en vertu de l'arrêté rendu le 7 septembre 1854 par le préfet du Gard et des mandements annuels par lesquels ce fonctionnaire a rendu exécutoires les rôles comprenant cette taxe, il s'ensuit que tous les ans, pendant cette période, il a été perçu sur les contribuables de GARONS un impôt irrégulier, lequel était formellement interdit par la loi sous les peines qu'elle prononce.

Dans ces circonstances, on ne saurait contester à tout contribuable de cette commune résolu à poursuivre judiciairement la réparation civile du dommage par lui souffert,

Non-seulement le droit de poursuivre contre le percepteur seul devant le Tribunal civil de première instance la répétition des taxes illégalement exigées, répétition qu'il devrait limiter au montant de celles qu'il a payées moins de trois ans avant l'introduction de l'instance,

Mais encore le droit de provoquer par une plainte l'action pénale contre le préfet du Gard, le directeur des contributions directes et ses employés, et le percepteur communal, à raison des faits qualifiés crimes auxquels ils ont tous concouru et de former contre eux une action solidaire en restitution et dommages-intérêts, soit devant la juridiction criminelle, s'il y a lieu, soit devant la juridiction civile, action qui ne serait pas sujette à la prescription triennale, celle de dix ans étant la seule qui fût susceptible de l'éteindre.

SUR LA TROISIÈME QUESTION

Pour le contribuable qui aime mieux refuser le payement de l'impôt jugé par lui illégitime, que de l'acquitter et d'agir immédiatement après en répétition par *la voie pénale* ou par *la voie civile*, il peut y avoir plusieurs manières de procéder.

Celle qu'a employée l'auteur du *Mémoire à consulter* paraît parfaitement correcte.

S'agissant, dans le cas particulier, d'un impôt local établi en vertu de l'arrêté du 7 septembre 1854 et impliqué dans les rôles généraux des contributions de la commune, il a commencé par calculer à quoi se montait sa part dans la taxe irrégulière confondue dans le total de sa cote pour l'exercice 1859 alors courant. Cette part trouvée, il a payé tout le surplus de cette cote en retenant cette fraction. Puis, sans attendre que le percepteur le poursuivît ou le menaçât, il s'est adressé le 12 septembre 1859 par une requête à M. le ministre de l'intérieur, lui a dénoncé l'arrêté du 7 septembre 1854 comme entaché d'un excès de pouvoir et a demandé que l'annulation en fût prononcée, ensemble, celle du mandement par lequel le préfet du Gard a rendu exécutoires les rôles de *Garons* pour l'année 1859 en ce qui concerne la partie de ces rôles afférente à la construction de l'église et la part individuelle du réclamant.

Au ministère de l'intérieur, la requête a été reçue, et il a été prononcé, comme on sait, par M. le ministre, sur le fond, sans qu'aucune objection en la forme ait été soulevée. Cela devait être, parce qu'il est de principe et de jurisprudence que tout acte émané d'un préfet peut être l'objet d'un pourvoi devant son ministre (1), et que, notamment, s'il s'agit d'un acte

(1) Règle confirmée par l'article 6 du décret du 25 mars 1852.

attaqué pour *incompétence* ou *excès de pouvoir*, le recours peut être exercé au choix du réclamant, soit auprès du ministre, soit auprès du conseil d'État, soit enfin devant le ministre d'abord, et ensuite devant le conseil d'État par appel de la décision ministérielle.

Une autre marche pourrait être suivie.

Le contribuable peut attendre l'interpellation du percepteur et former opposition, soit à la *sommation sans frais* que le percepteur lui aura fait parvenir, soit à la *contrainte* décernée par le receveur des finances qu'un bulletin de garnison individuelle ou collective lui aura fait connaître, soit au *commandement* qui aurait suivi l'emploi infructueux de la garnison, soit enfin à *la saisie* qui aurait suivi ce commandement, si le contribuable avait trouvé bon d'attendre jusque-là.

Mais l'*opposition* une fois déclarée et formulant pour motif unique le caractère illégal de l'impôt réclamé, à quelle juridiction appartiendrait-il d'en connaître et de la juger?

Question difficile, qui peut-être n'a été nulle part discutée avec le développement qu'elle comporte et dont l'étude approfondie, traitée par une plume magistrale, serait la matière d'une dissertation pleine d'intérêt.

Dans le cas présent, le CONSULTANT n'a jugé ni indispensable ni opportun de creuser ce sujet. Il lui a paru suffisant de mettre en regard les monuments opposés de la jurisprudence.

Par un arrêt du 9 avril 1835, que rapporte M. Dalloz dans la nouvelle édition de son grand *Répertoire*, v° *Impôt direct*, t. 27, p. 390, *à la note*), la Cour royale de Rennes, saisie d'une contestation entre un percepteur poursuivant la rentrée d'une taxe municipale établie par un arrêté du maire de Pornic et un particulier qui en contestait la légalité par voie d'opposition à une contrainte décernée contre lui, décida que les tribunaux civils avaient compétence pour connaître de ce litige, par la raison que, suivant la disposition fameuse insérée dans la loi

annuelle des finances, ces mêmes tribunaux seraient les juges
de l'action de ce contribuable, si, ayant acquitté la taxe en
litige, il en poursuivait la répétition. Puisque, en effet, l'action
en répétition de l'impôt soldé, quand elle se fonde uniquement
sur l'illégalité de cet impôt, appartient aux tribunaux ordinaires en vertu de ce texte spécial édicté en faveur des citoyens
à titre de garantie, il paraît rationnel d'en conclure que les
mêmes tribunaux doivent être les juges de la résistance de ce
même contribuable au payement de ce même impôt, quand il
la fonde sur le même motif d'illégalité : argumentation d'autant
plus puissante qu'après tout il dépend du contribuable de s'assurer toujours le bienfait de la juridiction ordinaire généralement préférée, bien ou mal à propos, à la juridiction administrative, en commençant par acquitter la taxe et actionnant
tout de suite après le percepteur en restitution.

A côté de cet arrêt de la Cour de Rennes se place un jugement rendu le 1er février 1833 par le tribunal de Tarascon-
sur-Rhône, entre les israélites de cette ville et le percepteur
poursuivant le recouvrement d'un rôle d'impôts que ce jugement annula.

Mais, d'autre part, la généralité des auteurs professe, et nul
n'y contredit, que *tout le contentieux du recouvrement des contributions entre le contribuable et le percepteur* tombe dans le
domaine des tribunaux administratifs.

M. de Cormenin, notamment, déclare d'une manière absolue
que cette juridiction a seule compétence pour prononcer sur
l'imposition en soi, son assiette, SA LÉGALITÉ.

Et le conseil d'État, dans trois arrêts, l'un du 16 février 1832 (1), les deux autres du 4 septembre 1841 (2), pose
en ces termes une doctrine au moins très-spécieuse :

(1) Affaire Pichon contre le préfet de l'Orne.
(2) Affaires Clermont-Tonnerre et Champigny contre le préfet de
l'Eure.

« Considérant que les lois de finances n'ouvrent que deux
» modes d'action judiciaire aux particuliers qui voudraient se
» pourvoir à l'occasion des contributions qu'ils prétendraient
» n'être pas autorisées par la loi, *la plainte en concussion* et
» *l'action en répétition* pendant trois années ; que ces deux
» actions, en garantissant les droits des citoyens contre les
» perceptions illégales, supposent néanmoins l'exécution préa-
» lable des contraintes décernées par l'administration à la-
» quelle le provisoire appartient ; que, hors de ces deux modes
» indiqués d'une manière limitative, il n'appartient point aux
» tribunaux de s'immiscer dans l'établissement des rôles de
» répartition, en connaissant des actions auxquelles ils pour-
» raient donner lieu de la part des particuliers... »

Par ces motifs, les deux arrêts *Clermont-Tonnerre* et *Champigny* validèrent les arrêtés de conflit pris par *le préfet de l'Eure*,
et annulèrent deux jugements du tribunal de première instance
d'Évreux.

En présence de ces documents, tout jurisconsulte praticien
reconnaîtra qu'il y aurait présentement peu de chances de
réussite à contredire sur cette question de compétence la jurisprudence adoptée par le conseil d'État, et il conseillera au
contribuable qui forme opposition à la contrainte décernée
contre lui pour le payement d'une imposition dont il conteste
la légalité, de déférer le jugement de cette opposition au Conseil
de préfecture, tribunal administratif de droit commun et de
premier degré.

Que si le contribuable, au lieu d'attendre d'avoir reçu une
contrainte pour y former opposition, préférait agir tout de suite
pour se faire affranchir d'une taxe que son *avertissement* lui
aurait fait connaître et qu'il jugerait illégale, rien ne l'empê-
cherait de porter sa demande en *décharge* au Conseil de préfecture, auquel la loi de pluviôse an VIII attribue textuellement
compétence pour juger ce genre d'actions. Mais comme, suivant

une règle bien connue, il serait obligé de joindre à sa réclamation, pour qu'elle fût reçue, la quittance des termes échus, ce serait à lui d'apprécier si, ces termes se trouvant acquittés, il ne lui convient pas mieux d'exercer son *droit de répétition*, soit par l'action pénale, soit par l'action civile, devant les tribunaux ordinaires, comme la loi des finances le lui permet.

SUR LA QUATRIÈME QUESTION

Le *Mémoire à consulter* fait connaître comment son auteur, au mois de septembre 1859, prit le parti de ne pas acquitter sa part de l'imposition relative à l'église *pour l'année lors courante*, et en outre de réclamer la restitution de ce qu'il avait payé pour le même objet durant les *trois ans antérieurs*, 1856, 1857 et 1858.

Dans l'exercice de son droit de *répétition*, se conformant à la loi des finances, et, entre les divers modes d'action ouverts par cette loi, adoptant le plus modéré, il assigna le percepteur de la commune de Garons devant le tribunal de première instance de Nîmes.

En même temps, on sait que, pour légitimer son refus d'acquitter la taxe de l'année courante, il avait cru devoir saisir le ministre de l'intérieur d'une demande en nullité de l'arrêté préfectoral du 7 septembre 1854, et qu'une fois entré dans cette voie, lorsqu'une décision ministérielle rejetant sa demande lui fut notifiée, il s'est vu obligé de la déférer au conseil d'État.

En ce moment donc, se trouve simultanément portée devant le tribunal de première instance de Nîmes et devant le conseil d'État juge d'appel, la question de savoir si l'arrêté du 7 septembre 1854 est valable, s'i a été pris dans le plein et légitime exercice des attributions du magistrat qui l'a rendu.

Mais il importe essentiellement de le remarquer : si la même question à juger se présente dans l'une et l'autre instance, elle ne s'y trouve engagée que comme *cause*, *motif*, *moyen*. Dans l'une et l'autre, l'ONJET du litige n'est pas le même.

Au conseil d'État, le CONSULTANT lutte pour obtenir que l'on déclare fondé son refus d'acquitter l'impôt de l'année *lors courante*. (Exercice 1859.) — Au tribunal de Nîmes, il demande que le remboursement de l'impôt des *trois ans antérieurs* soit ordonné à son profit.

Chacun de ces tribunaux jugera donc, dans son indépendance, la cause qui lui est soumise sans se préoccuper de ce que fera l'autre ou de ce qu'il aura fait.

Le CONSULTANT a cependant motif de penser que, s'il provoquait l'appel et le jugement de la cause dont le tribunal de Nîmes est saisi, M. le préfet, intervenant pour la défense du percepteur, y ferait plaider que ce tribunal doit surseoir à statuer sur l'action en répétition jusqu'à ce que le conseil d'État ait statué lui-même sur le pourvoi formé contre la décision ministérielle, et cela parce que, si ce pourvoi était rejeté, il serait décidé en dernier ressort, selon ce fonctionnaire, que son arrêté etait irréprochable, et que, dès lors, l'action en répétition tomberait.

Cette prétention est inadmissible.

Que le sursis fût demandé, soit au nom de M. le préfet, soit de la part du percepteur, par des raisons de pure convenance, c'est-à-dire parce que la décision à rendre par le conseil d'État, selon les motifs qu'elle énoncera, sera susceptible d'exercer, le cas échéant, une influence morale sur le sort de la cause à juger par le tribunal de Nîmes : à la bonne heure ; à cela nous ne ferions point d'objections.

Mais s'il est prétendu que le rejet du pourvoi jugeant ou

préjugeant que l'impôt était régulier, liera le tribunal civil et ne lui permettra plus de juger à son tour la même question selon ses lumières et sa conscience, ce serait là une thèse manifestement erronée et qu'il faudrait hautement repousser.

Lorsque, il y a quarante-deux ans, la loi du 15 mai 1818, dans un article invariablement reproduit depuis lors, afin de garantir les citoyens contre les perceptions illégales, comme parle le conseil d'État, donna les tribunaux ordinaires pour juges aux contribuables qui porteraient une *plainte en concussion* ou exerceraient le *droit de répétition* à raison d'un impôt qualifié par eux d'illégal, elle investit ces tribunaux d'une compétence absolue impliquant, de toute évidence et de toute nécessité, le droit de juger si cet impôt a été ou n'a pas été régulièrement établi.

Vouloir qu'un tribunal saisi de la demande en répétition n'ait à remplir que l'office d'une chambre d'enregistrement, qu'il doive accorder ou refuser la répétition demandée, selon qu'une autorité ou juridiction administrative aura préjudiciellement résolu dans un sens ou dans l'autre la question de légalité de la taxe, serait accuser le législateur d'avoir manqué complétement son but, ou fait une chose bien peu sérieuse.

Il faudrait donc aussi, selon cet étrange système, admettre que la *plainte en concussion et l'action pénale* qui s'ensuit, dont l'exercice est dévolu par la même loi aux tribunaux ordinaires, seraient subordonnées à la décision préalable de l'administration !

Franchement, cette thèse n'est pas soutenable : et rien, au surplus, ne justifie qu'elle doive jamais se produire au grand jour.

Le conseil d'État, dans ses arrêts déjà plusieurs fois rappelés, tout en déclarant que les lois des finances ont limitativement restreint la compétence des tribunaux ordinaires aux deux modes de réclamation pénale et civile qu'elles ont expressément autorisés, n'a pas nié que cette compétence fût réelle et entière dans la sphère où elle s'exerce. Ces lois, d'ailleurs, n'ont-elles pas proclamé qu'en matière de contributions illégales, tous les fonctionnaires, depuis le plus élevé jusqu'au plus infime, sont livrés à l'action de la justice ordinaire, sans pouvoir s'abriter derrière cette *autorisation préalable*, garantie toujours si énergiquement revendiquée par l'administration et ses agents dans tout autre cas ?

Il faut donc le dire en toute assurance : quoi qu'il puisse advenir du pourvoi déféré au conseil d'État contre la décision ministérielle du 31 janvier 1860 qui a déclaré valablement rendu l'arrêté préfectoral du 7 septembre 1854, le tribunal civil de Nîmes jugera dans la plénitude et l'indépendance de ses attributions le litige dont il est saisi, cet entier litige, et partant le point de savoir si l'impôt perçu avait été ou non régulièrement établi : car s'il n'avait pas à juger ce point-là, il n'aurait à juger rien du tout.

TABLE DES MATIÈRES

FIN DE LA TABLE

Paris. — Imprimerie de A. WITTERSHEIM, rue Montmorency, 8.

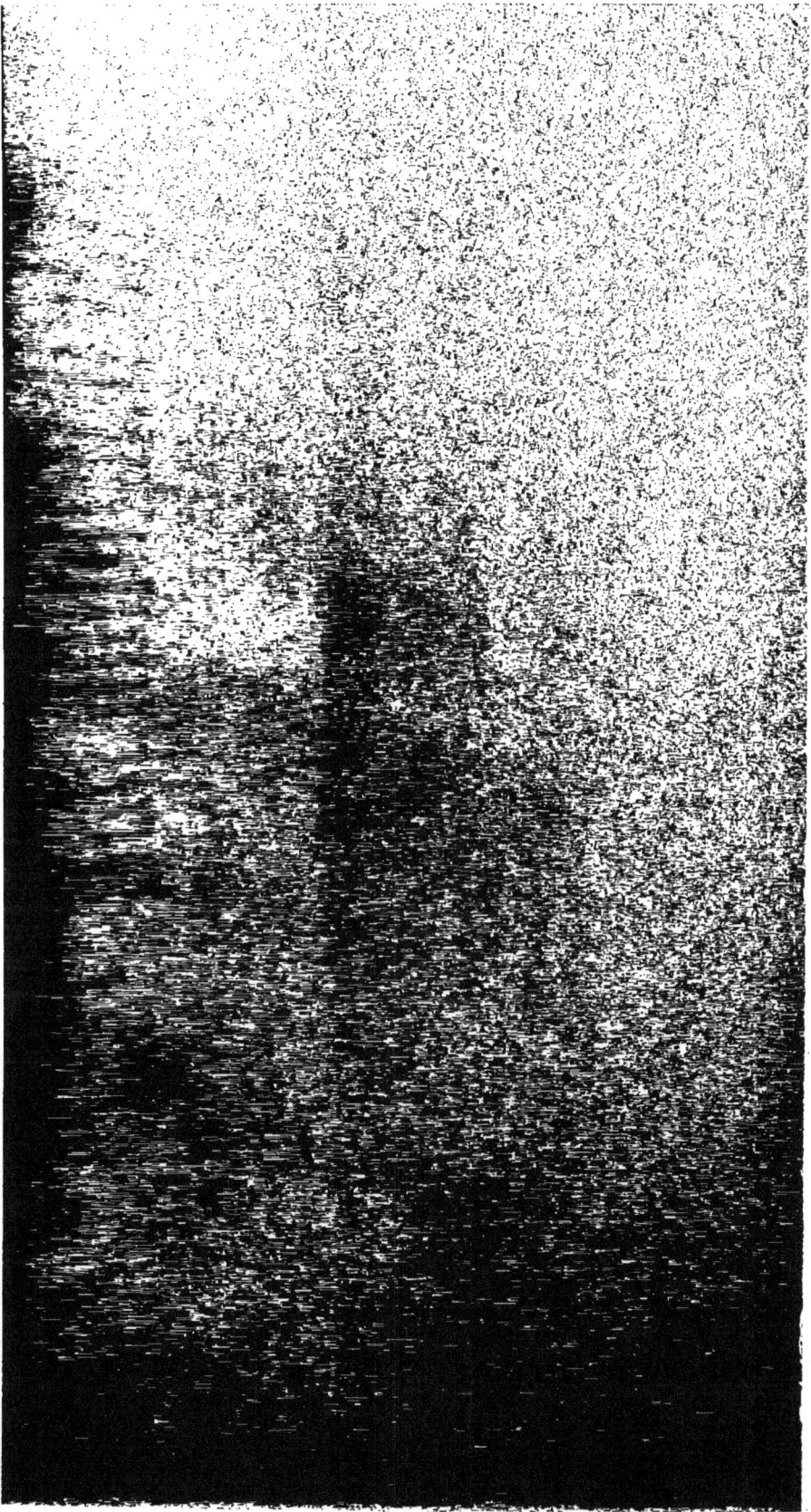

www.ingramcontent.com/pod-product-compliance
Lightning Source LLC
Chambersburg PA
CBHW031327210326
41519CB00048B/3434